雷海宗中国文化周期论

（示意图）

长城砖

Chinese Culture and the Chinese Military

中国文化与
中国的兵

雷海宗———
著

江沛 导读

天津出版传媒集团
天津人民出版社

图书在版编目（CIP）数据

中国文化与中国的兵 / 雷海宗著 ; 江沛导读. --
天津 : 天津人民出版社, 2024.5
（长城砖）
ISBN 978-7-201-19954-2

Ⅰ.①中… Ⅱ.①雷… ②江… Ⅲ.①中华文化—文
集②军制—中国—古代—文集 Ⅳ.①K203-53②E291-53

中国国家版本馆 CIP 数据核字(2023)第 233268 号

中国文化与中国的兵
ZHONGGUO WENHUA YU ZHONGGUO DE BING

出　　版　天津人民出版社
出 版 人　刘锦泉
地　　址　天津市和平区西康路35号康岳大厦
邮政编码　300051
邮购电话　(022)23332469
电子信箱　reader@tjrmcbs.com

总 策 划　沈海涛
策　　划　金晓芸　燕文青
责任编辑　沈海涛
装帧设计　图文游击工作室
　　　　　汤　磊

印　　刷　河北鹏润印刷有限公司
经　　销　新华书店
开　　本　880毫米×1230毫米　1/32
印　　张　8
字　　数　150千字
版次印次　2024年5月第1版　　2024年5月第1次印刷
定　　价　68.00元

版权所有　侵权必究
图书如出现印装质量问题,请致电联系调换(022-23332469)

目 录

自古忧虑无人和：时代之声中的雷海宗
　　江沛 导读 / 001

有关版本问题的说明 / 033

序 / 037

上 编

总论——传统文化之评价 / 041

中国的兵 / 043

中国的家族 / 099

中国的元首 / 121

无兵的文化 / 145

中国文化的两周 / 175

下 编

总论——抗战建国中的中国 / 213

此次抗战在历史上的地位 / 217

建国——在望的第三周文化 / 225

附录 世袭以外的大位承继法 / 233

后 记 / 247

自古忧虑无人和：
时代之声中的雷海宗

江沛 导读

"长城砖"系列丛书收录了雷海宗先生的名著《中国文化与中国的兵》，编者慧眼独具。曾在二十年前出版过《战国策派思想研究》的我，受邀为此书解读，深感荣幸。读完此前王敦书先生给此书商务印书馆版所撰的解读后，又倍感压力！

为人作序或解读，恰如其分者少，个人思想的独特性，他人终是有所隔膜。总体而言，书序或解读认真读完者少，翻阅几页即直奔主题的多。读不下去的原因在于，要么就事论事，枯燥无味；要么冗长，终难卒读；要么借题发挥，离题千里；要么随兴所至，不知所云；要么高调清谈，随意拔高。有人说书序和解读的最高境界，就是逼读者迅速翻篇儿、直奔主题。

我认为，做解读者无关齿长，要在专业，看其是否真正了解著者生平及思想境界；要力求清晰表达，站在时代及个人境况的多重角度，不避毁誉，直面著者的思想深处及局限。此外，回到历史场景的思考才有意义，要富有"历史之同情理解"，在此基础上再就著者思想提出基于新时代的注解。

如此理想化的归纳，等于给自己挖坑，也是一个自我挑战！效果如何，读者自鉴。

一、著者生平与本书问世背景

雷海宗（1902—1962），字伯伦，河北省永清人，1919年8月入清华学校高等科读书，1922年6月毕业。同年9月赴美国芝加哥大学深造，主修历史学，副科学习哲学，获哲学学士学位。1924年6月入该校研究院历史学研究所攻读博士学位，1927年6月以题为"The Political Ideas of Turgot"（《杜尔阁的政治思想》）的论文获得哲学博士学位。同年8月归国，受聘为国立中央大学史学系副教授，1929年8月至1931年1月任系主任的同时，为金陵女子大学史学系兼课。1931年1月至7月任金陵女子大学历史学系教授，并在该校中国文化研究所任职。1931年8月至1932年7月任武汉大学历史学系、哲学教育学系合聘教授。1932年8月转任清华大学历史系教授。1937年11月至1938年5月任长沙临时大学历史社会学系主席。1938年5月任西南联大历史系教授。1940年8月至1946年7月，任西南联大文学院历史系主任、代理院长，师范学院史地系主任等职。1943年当选为中国史学会首届理事会理事（共19人）。1946年6月至1948年12月，任清华大学历史系教授、系主任，文学院代理院长。1949年1月至1952年9月任清华大学历史系教授、主任（1949年1月至9月）。1950年1月至3月，参加北京郊区土地改革运动，因历史问题被管制。1951年2月至3月，赴陕西长安县（现为西安市长安区）农村参加土地改革参观团。1951年9月至1952年6月，回清华大学参加思想改造学习、"三反"、忠诚老实学习等运动。1952年10月调入南开大学历史系任教授，任世界史教研组主任。随后在南开大学参加总路线学习、中国革命史学习和"肃反"运动。1957年7月被错划为"右派"分子，1961年9月被摘除"右派"帽子（1985年12月平反，去掉其改正结论中的"尾巴"）。1962年12月25日，雷海宗在天津病逝。

雷海宗精通英文，可读法文，一生致力于对世界史、中古史的研究，兼通中国上中古史，曾发表多篇或获得好评或引发争议的文章，结集出版了《中国文化与中国的兵》，与林同济合著《文化形态史观》，编有《中国通史选读》（6册）的文献资料和《世界上古史讲义》等，其最具影响且时受争议的著作，却是这部只有十万余字的《中国文化与中国的兵》。

1927年8月归国时，雷海宗才二十五岁，英气勃发，致力于开拓世界史学科建设，深研中国上中古史，并力求进行中外历史的比较。他先后受聘于国立中央大学、武汉大学和清华大学，分别讲授欧洲通史（西洋史）、西洋文化史、西洋史学史、史学方法等课程，绍介诸多世界史研究名著，成为中国世界史学科公认的开拓者之一。与此同时，他还开设中国哲学史、中国上中古史、中国通史等课程，在中国上中古史重要领域深耕细研，先后发表了《殷周年代考》《孔子以前的哲学》《皇帝制度之成立》《中国的兵》《无兵的文化》《断代问题与中国历史的分期》《中国的家族制度》等多篇论文，直指中国文化及政治的核心问题。雷海宗在研究方法上引入了哲学思考，在缺乏文献史料的背景下，尝试借鉴体质人类学的观点考察商代君王的寿命，其方法或有争议，其观点或有歧见，但对学界的冲击是明显的。不同于传统考据学派的细致入微，他的上述研究，立足于中外世界发展的宏大视野，"是对于中国旧文化批评估价的文字"，是致力于贯通中国历史脉络并把握其演变特征，并努力开掘出具有时代意义的创新性阐释。

归国十年间，怀抱学术"救亡"志愿的雷海宗，身处的是战乱外侮纷扰、政局动荡的中国，书桌时刻因现实的气浪而颠簸。雷海宗曾支持"一二·九"运动等学生救亡活动，并在近代迭发国难的刺激下，展开了对中国文化及政治特征的深刻反思，尝试总结中国文化发展的规律。此时，雷海宗尚未形成关于世界文化及中国文化发展的成熟理论，但受益于对世界历史熟稔的知识结构，他对中国文化发展的系统性思想正在成形。面对日本入侵的逼人气势，为鼓励中华民族的抗争决心，雷海宗拒绝了学究气质，拓展出中国文化"二周论"，展现出一种横跨中西、兼修史哲，又对国难现实抱持着"忍不住的关怀"的学者风范，成为那一代知识人的典范。

1937年七七事变爆发后，在"誓死不做亡国奴"的激情中，清华大学、北京大学与南开大学从平津撤退至长沙的岳麓山下，利用清华大学购置的土地合组长沙临时大学。不久，日军南下意图明显，由南京迁至武汉的国民政府再度西迁重庆，长沙临时大学也奉令西迁昆明，并于1938年5月成立国立西南联合大学。

《中国文化与中国的兵》这本小书，应该是在雷海宗迁至昆明后依约编辑的。历经南迁奔波的雷海宗，坐定在暂时平静的书桌前，从昆明远眺陷于战火中的半个中国，在强烈的民族情感、国难危机的压力与历史哲学的理性思考中往返穿行，感慨反思，刚毅坚卓。

二、本书内容简介

雷海宗自称，在编选此著稿件时，将《中国的兵》《中国的家族》《中国的元首》《无兵的文化》《中国文化的两周》五篇旧文略作修改后，统编为此著的上编。既思考了秦汉以上"动的中国"，又梳理了秦汉之后"静止的中国"，对中国历史进行了整体性考察，深刻剖析了中国文化的诸多特征及病症，同时以中国文化发展具有两周的特性为结论，乐观预测中国文化历经抗战的艰苦洗礼，极有可能延展出第三个周期的灿烂前景。他声称五篇文章对于中国文化的认识，"尚有一贯的线索可寻，内中大半可说是非议与责难，但并不是无聊的风凉话；又有一部分是赏鉴与推崇，但并不是妄自尊大的吹嘘……此次抗战，是抗战而又建国。若要创造新生，对于旧文化的长处与短处，尤其是短处，我们必须先行了解"。上编的每篇学术论文，与下编的时政文章前后呼应、相互支撑，具有明显的内在逻辑关联。

第一篇为《中国的兵》，发表于1935年，是清华大学创办的《社会科学》创刊号的首篇文章。在此文中，雷海宗并没有专论古代中国兵制的变迁，而是在其综合知识结构的背景下宏观串联历朝历代兵制下的士兵构成变化及由此产生的精神变异问题，研讨春秋时代直至东汉末年，何人当兵，为何当兵，军队纪律、风气及军人心理问题，"作者相信这是明了民族盛衰的一个方法"。他认为，春秋时代各国贵族当兵、全民当兵，形成的是一种全民尚武的精神氛围。汉代后实行募兵制并出现职业兵，当兵者多为流民、贫民、囚徒等，他们没有家国责任感，军民开始分立甚至对立，东汉之后只有隋唐之际曾有百余年实施半征兵制，故而强盛一时，其他朝代均没有解决好此问题，导致国势日衰。与此相伴的是，由于社会缺乏武德，偏重文德，虚伪欺诈之风盛行，兵制的败坏也导致文化及社会精神的不健全。由此，"二千年来中国总是一部或全部受外族统治，或苟且自主而须忍受深厚的外侮"。他称，过去依赖外族守卫领土屡遭侵害，近代靠聘请西方顾问、购置武器同样"也不足以抵抗西洋或彻底西洋化的国家"。雷先生这些思想，在在透露着以历史看现实的强烈关怀，也时时展现出其对全面抗战初期以拉英、美、苏加入战争为抵御日本侵略之道的依赖思想的深重忧虑。

第二篇是《中国的家族》，原名《中国的家族制度》，1937年刊于清华大学的《社会科学》。在此文中，雷海宗概述了中国大家族制度由盛而衰的进程，春秋以上较盛，战国衰微，汉代再恢复并延续二千年。他认为，春秋以上的大家族，不仅是社会细胞和经济生产单位，同时还是政治机体，宗法的大家族是维持分封制下贵族制度的核心要素。商鞅变法后，二男以上必须分家，否则加倍纳赋。大家族制度衰败，支撑大家族制的丧服制和子孙繁衍观念也相继变异。后经两汉对孝道和三年丧制的提倡，大家族制得以重建，历经无数社会动乱而维系汉人王朝绵延不辍，但国家意识淡薄，"二千年来的中国只能说是一个庞大的社会，一个具有松散政治形态的大文化区，与战国七雄或近代西洋列强的性质绝不相同"。显然，他敏锐地意识到历史上家族制度变革对于中国王权体制形成及国家意识强化的双重影响，但更强调的是民众从家族观念中解放出来，为国家抵御外侮而贡献力量。他希望中国这一大文化区，如能历经战乱而凝聚，组成一个强固的国家，中国文化进入第三周的循环就是人类历史上的奇迹了！雷海宗认为，近代以来在工业化冲击下小家庭兴起的现象，对于中国未来发展利弊如何，是需要认真思考并在实践中方可认定的问题。

第三篇是《中国的元首》，原名《皇帝制度之成立》，1934年刊于《清华学报》。此文提出，中国四千年来国君称号较为简单，最初称王，王下有诸侯，秦一统天下后称帝，直至清代没有变化，但其内涵丰富至极。无论是王或此后的皇帝，都包含着天下归一的理念，皇帝即国家，国家即皇帝，这使得历朝历代的统治者都把追逐大一统视为最为重要的政治目标，民众也以统一为意识指向，视天下统一为解决社会问题的出路。然而汉代之后对皇帝的神化，使得皇帝地位隆崇，其作为政治首领，将天下财产视为私产，大臣等同奴婢，地位卑微的民众离心力日盛，等同一盘散沙。为维持统治，皇帝只能强化帝王崇拜以凝聚社会民心。民国成立，千年帝制结束，废旧容易，建新困难。在中国未来的建设中，政治首领如何产生，社会凝聚如何形成，是影响中国社会发展的一大问题。

第四篇是《无兵的文化》，原刊于清华大学的《社会科学》（1936年）。由于前述《中国的兵》发表后，读者提出对三国以下的各时期问题讲述过简，故而雷海宗再撰此文予以丰富。雷海宗指出，秦之后二千年来中国兵制及相关问题的确变化不大，秦以上可称为自主、自立的历史，民众愿意为国负责。秦之后，受环境和外族强弱因素支配，民众不愿当兵，对国家不负责任。秦以上为动的历史，有社会变革；以下多为动乱，没有本质变化，是静的历史。因此，秦以下社会在固定的环境中轮回，是一个消极的轮回，没有形成真正的兵的文化，可称"无兵的文化"。雷海宗从政治制度凝结、中央与地方、文官与武官、士大夫与流氓、朝代交替、人口与动乱、中国与外族七个方面，对秦以下二千年的历史特征及轮回法则进行了精彩分析，他注意到历史上王朝更替与战乱、饥荒的发生，与气候变化导致边疆外民族的内迁之间的关系，也注意到人口增减的影响，即经济学的"马尔萨斯陷阱"现象。在论及人口增长原因时，他兼及人口质量的分析，称不健全人口数量过多，是"二千年来中国民族的实力与文化日愈退步的一个主要原因"。他认为，二千年间，低等文化的游牧民族虽屡次征服中国，但终被同化；近代以来西方是高等文化，中国很难再去同化，但只要保持自己的文字，尽力吸收先进文化，自身文化决不会消亡，终有消化新养料并复兴的一天。雷先生思维之宽广、认知之敏锐，直至今天仍具有相当的启示。

第五篇是《中国文化的两周》，原名《断代问题与中国历史的分期》，1936年刊于清华大学的《社会科学》，从中既可看出雷海宗中外兼修、视野宏大的研究特点，更可视为其创造性提炼中国文化发展规律的代表性文章。雷海宗认为，人类历史从来不是一元的，文化更是具有特性的、独立发展的，不能将特性不同的个体混为一谈。在中西体用之争激烈、西化思潮盛行的民国时代，这一认识谈不上振聋发聩，但在学理上却是极具价值的。他指出，新石器时代至今五千年的中国历史，可分为两个周期，第一周起自华夏民族初始至公元383年的淝水之战，包括封建、春秋、战国、帝国、帝国衰亡与古典文化没落五个阶段，这是华夏民族独立创造自身文化的纯粹时期，外来文化的吸收及影响并不重要，可称为古典的中国。以淝水之战为标志性事件，多民族及文化相互融合，中国文化进入了因融合胡人血统和佛教文化再度新生并强势发展的第二周。由公元383年至20世纪中期，包括南北朝、隋唐、五代，宋代，元明，晚明盛清，清末民国五个阶段。此时北方民族持续南侵、印度佛教深刻影响中国文化，汉人为避战乱大量南迁，江南、岭南持续开发并成为新的经济和文化重心，疆域扩大而展开的胡华混合、梵华同化的新中国，可称为综合的中国。从本质上讲，第一、二周各代虽有特点，但政治、社会、文化等没有质的变化。近代以来，西学东渐，中国文化遭遇巨大冲击，第二周即将结束，何时结束尚未定论。他预见性地发问：中国文化有第二周已是世界文化发展中的"特殊的例外"，问题是我们有无可能创造出一个"第三周的伟局"？

在《中国文化的两周》一文中，雷先生从中外史学的比较视野展开认识论上的研讨，从埃及、巴比伦、希腊文明的衰落中，寻求中国文化何以避免衰亡并自我更新进入第二周发展进程的文化密钥，并称这是"真正值得我们自夸于天地间的大事"，"在人类史上是只有我们曾能做出的事，可以自负而无愧"。直到今天，强调知识的复合性、注重历史学展开跨学科的综合研讨，似乎才形成一股强大的潮流，但依旧走在变革的路上。回望近百年前，雷先生就以其视野之开阔，自觉走出了传统史学思维的束缚，令人感慨万千。

在此著下编的编排上，雷海宗选取了1938年2月在武汉发表的《此次抗战在历史上的地位》，以及新写就的《总论——抗战建国中的中国》和《建国——在望的第三周文化》两篇文章，专述其对抗战与中国国家地位、未来中国文化规律等问题的分析。他认为，此次抗日战争是中华民族文化复兴的转折点，是新中国建设的起点，要创造新文化，就必须透彻了解旧文化的长短处，收录几篇文章的目的也在于此。

以《抗战建国中的中国》为题的总论，篇幅不长，雷海宗在此表明，上编所收多是旧文，对传统文化的认识与批评较多，谈论"中华民族的坚强生力"不足。随着战事的艰难展开和全民族的英勇抵抗，他虽不屑于空谈惊恐之辈，但也深刻意识到，对中华民族文化特质及英勇精神的发掘更为重要，这是精神层面的另一种抗战。他乐观地认为，中国抗战的前途是光明的。

位列下编首位的是《此次抗战在历史上的地位》，原刊于1938年2月13日的《扫荡报》（汉口版）。在此文中，雷海宗延续之前的思路，着重解释中国文化何以有第二周，以及第二周的文化特点。他在简明回顾了埃及、巴比伦、希腊罗马被阿拉伯文化征服并烟消云散的历史后，以表列出其所划分的中国文化两周系统，即宗教时代、哲学时代、哲学派别化的时代、哲学消灭与学术化的时代、文化破裂时代各阶段。在雷海宗看来，虽然秦汉以来中国三大流域得以开放，但北方始终处于游牧民族的进攻之下，尽管政治中心一直在中原，但经济与文化中心在战乱中持续南移，这为广泛疆域的开拓和为中国文化拥有辗转腾挪之地创造了条件。他认为，第一周末期约三百年，第二周末期到抗战之时仅有百余年，但日本侵略加速了第二周的结束和第三周的开启。他预计，中国文化的生死存亡即在此一战，民族复兴的"长久未来的远大前途，都系于此次大战的结果"。

第二篇为《建国——在望的第三周文化》，可说是上文的续篇。雷海宗认为，秦汉以来二千年的文化病根太深，"武德"缺少而"文德"过盛，历经此次大战洗礼，中国必将恢复战国前文武兼备的文化精神，但决不学日本法西斯的暴戾。抗战前，他只是以为第三周文化有实现的可能性，这是"人类史上的空前盛事，因为从古至今向来没有一个整个文化区组成一个真正统一的国家的现象"，实现此愿需三个条件："兵可说是民族文化基本精神的问题，家族可说是社会的基本问题，元首可说是政治的基本问题。三个问题若都能圆满地解决，建国运动就必可成功，第三周文化就必可实现。"他激昂呼喊："生逢二千年来所未有的乱世，身经四千年来所仅见的外患，担起拨乱反正、抗敌复国、变旧创新的重任——那是何等难得的机会！何等伟大的权利！何等光荣的使命！"

至此，读者或许明白了雷先生编选文章的初衷及其结构性意义。全书的上编冠以"传统文化之评价"，下编则冠以"抗战建国中的中国"，先对其认定的传统中国文化演进中的核心议题相对系统地表达思想观点，再以其所借鉴的文化形态史观，描绘战火纷飞之中、存亡危机之下的中国文化死中求生的希望！

附录收入的《世袭以外的大位承继法》，原刊于清华大学的《社会科学》。雷海宗称此文是"受特别感触而写的"，所言为何却无说明。大致不外乎如雷海宗所言，今天世界多为共和国，世袭制度已成明日黄花。二千年来习惯于世袭制度的中国，在民国初期表现出了对共和制的不适应，时常因派系纷争导致领袖难产而陷于动荡，这是中国难以全力抗战的核心问题之一。雷海宗以中外比较的方法，选取罗马帝国皇帝和回教教主产生的例证，意在通过人类历史上政治领袖在世袭之外的继承制度及方法，为中国政治体制的稳定提供一些借鉴，笔锋直指战时中国的政治纷争，担心由此生乱而影响抗战大业和文化的复兴。此文与《中国的元首》形成了中外比较的思考视角，耐人寻味。

1938年12月，雷海宗将全部稿件提交商务印书馆。1940年2月此书正式出版。

三、雷著引发知识界关注

《中国文化与中国的兵》出版后，先后有多篇书评发表，引起学界和社会的关注。

此时已入仕途的著名学者蒋廷黻认为，他不太认同雷海宗对西汉人口统计方法的分析，也质疑小家庭制是否一定导致人口减少的结论，但称此著不仅在方法论上突破了旧有史学专门于"某传某记某书某志"的局限，展开了一幅综合的历史画卷，是"史界新作风的创例"，还打破了爱国就要"相信中国传统的文物都是至善至美的"的观念，对于"公民的教育和社会文化水准能有很大的贡献"。无论是专家还是普通读者，只要愿意读，"必能对于我国民族文化的演变加增不少的认识。最低限度，读者必因读此书而对国史的研究发生新兴趣和新问题"[1]。

近代史专家李鼎芳认为，雷海宗此著上编的七篇论文，从七个方面"旁敲侧击来叙述这完全消极的文化"，直指近代以来外族入侵的现实，"给读者以深刻的刺激"。他有些不满于雷海宗对知识群体每遇外侮即陷于空谈误国或结党营私或为汉奸的指责。但他指出，雷海宗对于中国文化演变周期的划分，"是比较妥当而适切史实的重要性的"，也理解雷海宗对中国文化第三周的殷殷期望，称其所言"是有根据而意义深远的"。他认为，雷海宗看到的传统中国文化一些负面污点，必须在抗战中肃清，中国文化发展中的兵、家族、元首三大问题更要加以解决，唯此方有第三周的文化复兴。整体而言，此著表现出了作者对于中国文化发展的自觉责任和对

---

[1] 蒋廷黻：《书评:〈中国文化与中国的兵〉》，《新经济》第3卷第9期，1940年5月1日。

国人的鼓励与关怀。[①]

时任中央政治学校教授的农史专家万国鼎也撰文评价雷著。他赞成雷海宗的观点，认同秦汉至今中国的征兵问题未能解决，"为中国积弱之主因"。中国大家族体系在汉末后衰落，导致子孙繁衍观念变化，在难以应对外族入侵的同时，"二千年来迄未成一真正统一之完备国家，亦坐此故"。中国的帝制自秦以降日渐神化，民众俱无地位，也无权利，自私自利，日渐散漫。他认为，雷海宗对中国文化未被外族吞并的历史总结是到位的，源于周边"游牧民族的文化程度低于中国"；今日进入中国的西洋民族，其文化远胜魏晋时的五胡，中国"是否能够支持"不被同化，要看自身努力。他也认同雷海宗把中国文化发展划分为两个时期的做法，赞成在义务教育中恢复重武文化教育，实施国民训练，即可解决征兵问题；配合大小家族制度的折中，可助力征兵的顺畅；国家领袖的产生及认同，是政治稳定并可一致对外的核心问题，"三者俱能圆满解决，则第三周文化必可实现"[②]。万国鼎对此著的简要归纳，多出自雷海宗著作的要点。他认为，雷著分析中国文化虽然较为宏观，但"殊有独到见解，读之令人兴奋"，其现实意义在于雷海宗感慨中国抗战之艰难，也痛恨

---

① 参见李鼎芳：《图书评论：〈中国文化与中国的兵〉》，《读书通讯》1941年第28期。
② 万国鼎：《书报评介：〈中国文化与中国的兵〉》，《人与地》第1卷第12期，1941年6月20日。

015

如汪精卫之流的"慌张飞逃",故而极力强调中国文化的强健与坚韧。他希望知识分子均熟读此书。[①]

时任中央政治学校英文兼历史学教授的陈石孚,在书评中整体认同雷海宗有关中国文化的观点,认为雷海宗将兵的问题与文化发展问题等同认识很有道理。他理解雷海宗推崇春秋时代文武不分的社会、把尚武精神视为中国文化优点的论述,也总结出雷海宗以兵制将历史分成动、静两个阶段,以民族血统把文化划分为两周以对应之,并从中找出兵制与文化发展间的关联性。但他也提出,如果秦汉之后中国文化不健全,秦汉前后的文化差异是什么?何以有第二周文化发展的疑问?陈石孚认为,雷著"融会贯通古今千年的史实,从大处着眼,把我国政治、社会、文化各方面的发展,寻出一个'一贯的线索',为我国史学界别开生面"[②]。

时在西南联大攻读南开大学经济研究所研究生的吴于廑,虽未能及时读到雷著,但他认为,雷海宗对中国历史的分期可以《断代问题与中国历史的分期》一文为依据。他认同德国学者斯宾格勒的理论,认为文化如同生物体一样自有其生长期,对雷海宗将中国文化分成两个发展周期的思想深表赞许,并尝试对第三周浪漫时代进行分析与预测,他从西安事

---

① 参见万国鼎:《书报评介:〈中国文化与中国的兵〉》,《人与地》第1卷第12期,1941年6月20日。
② 陈石孚:《雷著〈中国文化与中国的兵〉》,《新评论》1940年第10期。

变后民众齐心及抗战时西南建设的民众毅力中，看到了中国
文化行将跨入新时代的征兆。[①]时在福建武夷山下苏皖政治学
院学习、后来成为世界古代史名家的胡钟达读过雷著后，称
赞中国文化二周论、三周论是真知灼见，足以鼓舞抗战时期
中国人的士气。[②]

《中国文化与中国的兵》出版后，在知识界引发了反响。
雷著直指抗战之时国人对于民族血性羸弱的不满情绪，直指
中国文化的弊端，令人清醒又焦虑。大家多认同雷海宗对于
中国兵制、家族、文化等特征及问题的分析，对其预测的中
国文化复兴的第三周十分振奋。雷著的论证深入浅出、逻辑
性强、条理分明，特别是其文字活泼、激情洋溢、令人血脉
偾张，其对中国文化的反思及内在特质的阐释，促人警醒，
但传递的多是乐观与自信的情绪。

四、理解雷海宗的三个向度

在介绍雷海宗生平、主要撰著的背景及本书要旨后，想
要为读者介绍的是如何理解学人雷海宗，这是读懂此书及作
者主要思想的关键所在，毕竟著作是人的思想表达、情感展
示的汇总。就此书谈解读，很难超越王敦书先生已有的精妙

---

① 参见吴保安:《第三期的浪漫时代》,《今日评论》第5卷第12期,1940年
3月30日。
② 参见胡月龙:《学园生平——女儿眼中的父亲》,内蒙古大学出版社,
2004年,第35页。

017

分析①；就历史背景及思想体系谈此书，或许尚有一些空间可言。

笔者认为，从如下三个向度去理解雷海宗立足于民族主义情怀的思想倾向，理解亡国灭种危难之下以学术求证数千年文化传承遭遇转折而中国文化不死内在逻辑的苦心孤诣，理解其思想穿透历史浓雾指引方向、宣示文化自信的启示性，是十分必要的。

第一，理解雷海宗，要从阅历知人。通过他青春期历经国难刺激、浸淫于五四新文化的冲击、赴美为国求学的责任意识可知，他是一位深沉到难以自拔的爱国者，同时也是一个视野开阔兼具理性的新式知识人。

雷海宗思想中所承载的，不外乎是一个列强欺凌的"东亚病夫"和民族主义持续高扬的救亡图存。在"中国向何处去"的时代命题下，清末民初出生的这一代知识人，生长于中西文化碰撞交汇的关口，要么在新文化运动中苦苦思索，要么东渡扶桑寻求何以迅速强盛的道理，要么如当时自嘲的"上西天"（留学欧美）以求"真经"。但无论是中体西用，抑或是西体中用的分歧，都是关于中华文化如何复兴、如何避免亡国灭种的思考，那一代人的心中永远装着一颗复兴中华的不死之心。危机时代与"天下兴亡"的责任伦理，让他们

---

① 参见王敦书：《雷海宗与〈中国文化与中国的兵〉》，见雷海宗：《中国文化与中国的兵》，商务印书馆，2017年。

对中华民族承载着难以卸下的责任，但他们又并非极端的文化保守主义者，其中相当一批人颇具理性，深知中华民族复兴的根本道路在于跟上时代、引入先进、融通中学、更新制度，而非抱残守缺地一味排外。

雷海宗接受教育时正值清末民初，也是新旧教育体系转换之际。因家庭信教，雷海宗于1910年在家乡入基督教会兴办的蒙学堂启蒙。1917年入北京崇德中学读书，1919年参加五四运动的反日游行。近代以来，无数志士仁人对"亡国灭种"危机进行过血性抗争，从林则徐的"苟利国家生死以，岂因祸福避趋之"、秋瑾的"粉身碎骨寻常事，但愿牺牲保国家"，再到五四青年的冲天一怒，这种中国文化的不死信念，时时感染着雷海宗这一代人。雷海宗自述，五四运动是其关心现实政治的起点。1919年9月，雷海宗进入留美预科的清华学校读书，1922年毕业并获公费资助赴美留学，入芝加哥大学历史系，主修历史，兼修哲学，这种跨学科的知识结构及学术训练，对雷海宗的认知及视野影响至巨。在芝加哥大学攻读博士学位时，雷海宗主要研究欧美政治思想史，博士学位论文的选题是研究法国政治家安·罗伯特·雅克·杜尔阁（Anne Robert Jacques Turgot）的政治思想。杜尔阁早年接受神学教育，后弃教从政，曾出任海军大臣、财政部长，马克思曾称杜尔阁把欧洲的"重农主义体系发展到最顶峰"，据说杜尔阁也是经济学上的"报酬递减规律"的最早阐述者。当年，雷海宗何以选择杜尔阁政治思想为研究主题不得而知，但一个中国人，敢于对这样一位著名思想家和政治家进行专业研究，勇气之大可想而知，这也充分体现了雷海宗的跨学科知识背景和过人的学术能力。由此可知，雷海宗在美留学期间跨学科知识结构的养成，是多学科思维的运用，是敏锐关照历史与现实间复杂关联性的问题意识，是立足全球的宏大视野和格局，与我们惯常理解的所谓"系统的世界史、中国史研究的训练"似是而非。

在芝加哥大学，雷海宗读书是刻苦的，同学戏称其为"今之古人"，他因学业优异多次获得奖学金。雷海宗受基督教影响较深，曾发表《元代基督教输入中国纪略》等文章，但雷海宗从不是以掉书袋为荣的学究。在美期间，雷海宗多次参加清华同学会，也参加过两个中国留学生社团。在社团举办的"谈话会"上，他发表过题为"八十年国耻小史"的演讲，展示出过人的口才。1925年，上海爆发五卅运动，有感而发的雷海宗，连续撰写《强权即公理说》和《"五卅"的功臣》两文，发表在《留美学生季报》上。由两文可知，雷海宗深受社会达尔文主义的影响，笃信"强权即公理"是世界运行的法则，这与此后他主张世界进入"战国"时代、强调中国必须强兵的思想关联极大。雷海宗还将近代中国逐步觉醒后产生的民族主义思潮，比喻为一只成长于五四、在五卅运动中反噬大英帝国的"神虎"，表现出对中国社会的强烈关怀之心。

回国执教后，雷海宗更多的是在思考中国近代积贫积弱的内在根源，同时也思考在帝国主义主导世界走向的背景下中国的生存及发展之道。雷海宗对中国文化的反思，是在日本步步进逼、中日必有一战的时代背景下。他专注于兵制、家族及政治领袖的问题，希冀从中发现中国文化及精神改变的核心要素，也努力思考中国文化的发展规律，以求在与全球文化的融合中再生新路。雷海宗学术理路中的民族精神及国家立场，是显而易见的。

雷先生不仅是学者，还是一个关注时代走向和中国命运的爱国知识分子。如他所称，在美留学期间，他接受了在德国出现但在美国尚未显著流行的国家社会主义思想。考虑到"思想自传"产生的特殊时代，身背污名的雷先生难免有自黑倾向，但他所言的19世纪20至30年代欧洲流行社会主义思潮并深受其影响的现象，则可由英国经济学家哈耶克同样的感受作为旁证。[1]与此同时，雷海宗也接受了一套源于德国的历史哲学，认为人类社会是无意义的循环起伏，否认进步。但接受这些思想的前提是，他"不愿承认中国一衰而不能再兴，自创了中国一定可以复兴的说法"[2]。

1943年，正值抗战最为艰难之时，昆明物价通胀、生活艰难，雷海宗主动放弃了受邀赴美任教的机会，他说他不能

---

[1] 参见［英］哈耶克：《通往奴役之路》，王明毅等译，中国社会科学出版社，1997年，第38—41页。

[2] 雷海宗：《历史思想自传》，1955年11月10日。见《雷海宗档案》，南开大学档案馆藏。

在祖国最艰难之际离她而去。单凭此点，雷先生的人格闪光点就足以令无数的清谈之士和庸俗之辈汗颜。

在八十余年前那场关系到中华民族亡国灭种的惨痛战争中，战火纷飞、民不聊生，中国人顽强抵抗、苦撑待变，并终得胜利，挽救了国难危机。八十余年后的今日，中国已进入改革开放的新时代，经济发展成就举世公认，正在朝着民族复兴之路迅速奔跑。两个迥异的时代，不可同日而语。人们的价值观、对未来生活的期许截然不同，但强调文化自信、追求民族复兴的大义是相同的。或许这就是为什么这样一本小书，短短十几年间竟有多个版本反复再版、历经八十余年仍有生命力的缘故。一句话，雷海宗的敏锐眼光抓住了中华民族百余年来最为关键的时代命题——民族复兴。学术扣住了时代的脉搏，就会产生无穷的思想能量和生命力。

第二，理解雷海宗，应深入理解其思想脉络。通过他流转于历史与现实间的文字，触摸那颗立足世界看中国、志存高远、视野宏大的灵魂。其时，雷海宗以文化形态学为核心、兼杂社会达尔文主义影响的思想系统正在形成，他深知中国文化及国情的独特性，乐观预估中国文化复兴的未来前景，但强调须以吸取外来因子、融合创新为前提，全球化时代的自我封闭毫无希望。

以15世纪大航海及16世纪工业技术的应用为标志，现代化进程从英国扩展至欧美，再蔓延至全世界，形成了一个以工业技术和贸易推动的全球化新时代。工业技术催发财富创造，贸易畅通代表财富增值，文化沟通推动知识流转，体制改造提供发展保障，面对这个被李鸿章视为"三千年未有之变局"，转型中的中国毫无躲避可能。毋庸置疑，欧美开拓新市场时，遭到尚处于农业、游牧时代各国的强烈反抗，殖民主义思潮横行并多以暴力形式解决争端，社会达尔文主义甚嚣尘上。这也是严复所译的《天演论》何以引发中国士大夫群体强烈震撼的缘由。弱肉强食的丛林法则，导致各国间的大规模争战，直至第一次世界大战爆发，造成人类历史上前所未有的大规模伤亡。

一战后，凡尔赛体系形成，欧美列强主导国际组织的产生，开始寻求规避一战式悲剧重演的体系和组织。20世纪20年代末至30年代前期，一战后确立的国际关系格局逐渐松动，社会主义苏联迅速崛起，战败德国逐步恢复。与之相对应的，是社会主义思想及法西斯主义逐渐成为影响欧洲舆论的两大思潮。此时，起源于欧洲的工业化和全球贸易，正在席卷欧亚大陆，全球的经济与政治格局正在重组，每一个大国都无法独居其外。

晚清以来中国社会的诸多巨变，实质上源于工业化的影响，这是不以中国人的意志为转移的。如何在这个新世界中生存和发展，是清末民初中国知识人面临的时代命题。多数人基于民族国家立场，强调中国发展的关键在于独立自主、在于拒斥外来侵略、在于民族觉醒，这些表述代表着全球化时代弱国的自保意识，是规避风险的自然选择，正确却难以实现。世界变革对于中国的影响，远大于中国变革对世界的影响，但这正是工业时代的格局。

雷海宗心怀天下，拥有宏大深邃的哲学思维，具有贯通中外历史的知识结构，也深受国际思潮的影响，常能发前人之未发，启他人之未思。他接受了19世纪二三十年代流行一时的德国思想家斯宾格勒（Oswald Spengler）的文化形态比较学。斯宾格勒在其名著《西方的没落》中提出，此前的世界没有一个全人类的历史，只是各个独立文化的历史，各有特征及精神，相互沟通较为困难，因此文化史的研究只能是共时态的横向排列而非历时态的"社会发展阶段"的纵向演进。他称之为"文化形态学"（Cultural Morphology）。

斯氏认为，所有文化形态的发展都要历经前文化、文化和文明三个阶段，此后周而复始循环发展。以此判断，世界已有的埃及、巴比伦、印度、中国、古典、阿拉伯、墨西哥七种文明均已死亡，仅余下一种历史的遗迹可循。唯有西方文化处于文明阶段的第一期——战国时期，在连绵战争中终将归于一个大帝国。张荫麟将其思想引入中国，产生过不小的影响。[1]

现在不能确定雷海宗何时接受了文化形态学理论的影响，但他将文化形态学理论加以改造，并结合达尔文学说，形成一整套中外文化发展学说，由此得出他基于历史依据、文化

---

[1] 参见江沛：《战国策派思潮研究》，天津人民出版社，2001年，第74—77页。

特征与现实需要的结论。雷海宗认为，中国文化并非如斯氏所言，已成仅可凭吊的历史遗迹，而是在魏晋时期因接受佛教及胡人南下的融合，在中外结合中生成了新的活力，并史无前例地进入了第二个文化周期。直至鸦片战争之后，中国文化接近或完成第二个周期的运行，因西方现代化及全球贸易的引入，善于吸收他人长处的中国文化，只要在中日战争中不被击败，就有可能迎来第三个发展周期。

通读雷海宗主要著述可知，他是一位深沉的爱国志士，但绝非偏执。需要特别指出的是，雷海宗虽是在强权与自由主义信念间不停摇摆的知识人代表，但他不是法西斯主义的崇拜者。在乐观预估中国文化生命周期的延长中，他深入分析中国文化与制度问题，既直指其弊端，更有充满信心的赞赏；他关于中国文化吸纳并融合"外来因子"方能再度兴盛的思考，不啻百余年体用之争的清醒剂；对于二战时期国际局势的变动及内因，雷海宗时有明智、透彻的分析，令人感佩。

中国史学界从来不缺某一领域的精深研究者，但一直缺少能站在"天下兴亡"、民生关怀基础上提出问题、总结教训、揭示规律的思想家，此与才智有关，受情感纠缠，但更关乎政治生态。战时的雷海宗，无疑是一个值得借鉴的标杆！

今天，世界似乎又进入一个类似20世纪30年代秩序崩溃的形态，或称"百年未有之变局"。雷海宗出自知识人的理性思考与对应，他对中华文明内在逻辑、体制变革及领袖作用的务实思考，是否有可资借鉴之处，是否会有丝毫的启发，难道真如他的诗所言"自古忧虑无人和"？

第三，理解雷海宗，应怀抱"历史之同情理解"。回到他所生存的20世纪，特别是他思想成熟的抗战时代，也应站在21世纪中国社会变革的时代大潮中去思考。他的重新被发现和重新被定义，源于其学术思想的特立独行和高蹈超然，源于其对中国文化必有"三周"的自信，也源于中国已不可逆转地进入了顺应世界大势、追求人类共同价值的复兴之路。

从九一八事变，直至太平洋战争爆发，中国独立抵抗日本的野蛮侵略。此间，日军的疯狂进攻，曾令无数海内外人士对中国抗战失去信心。汪精卫投敌，大批国军投降，国土沦陷近半，尽管国民政府坚持抵抗，但军民士气低落，急需军事及物质援助，更渴求精神的慰藉。

面对此情此景，无力投笔从戎的雷海宗，其心理上的焦灼可想而知。作为一个深具爱国情怀又兼具宏大哲学视野的历史学家，雷海宗只能以学术"参战"。他的眼光在历史与现实间反复巡视，更加关注世界历史特征及国际关系的演变，力求为危急之时中华民族的抵抗、自救提供一份文化自信和心理鼓励。

雷先生的这种爱国情怀与人文精神，也是当时一代知识分子的共同选择。如哲学家贺麟坦言，学术不仅应服务于"抗战"，更要服务于"建国"。他提出"学术建国"的口号，强调"抗战不忘学术，庶不仅是五分钟热血的抗战。而是理智支持情感，学术锻炼意志的长期抗战。学术不忘抗战，庶不是死气沉沉的学术。而是担负民族使命，建立自由国家，洋溢着精神力量的学术"。在贺麟看来，战时学术研究的目的，不仅只是推动物质建设，对国人"崇尚真理"的"爱智"精神和"为民族的独立自由而斗争"的"斗士精神"的塑造同样至为重要。贺麟以古代希腊、近代德国、美国、意大利、俄国以抵御外敌进而实现国家统一和强大为例，指出"世界历史昭示我们，对外抗战，实为任何一个内部分裂的国家，建立成为自由独立统一的近代国家；任何被压迫的民族，打倒异族的侵凌，发皇光大复兴起来所必经的途径"。因此，"抗战建国是我们当前的国策，是历史的命运，也是民族复兴的契机"[1]。知识分子的群体关怀同样也体现在《大公报》《东方杂志》等面向知识群体的著名报刊上，在《新经济》《新民族》《今日评论》《当代评论》等专门性学术刊物上，也发表了大量探讨"抗战建国"具体方案的文章。

雷海宗关于中外文化变迁的代表性观点，集中反映在《断代问题与中国历史的分期》一文中。收入此著时，雷海宗将原文题目改为更为醒目的《中国历史的两周》，鲜明地突出了以历史关怀现实的中心思想。在比较分析了中国与已中断传承的埃及、希腊、巴比伦、印度四大文明后，雷海宗认为，

---

[1] 贺麟：《抗战建国与学术建国》，《新动向》第 1 卷第 3 期，1938 年 7 月 15 日，第 88—91 页。

自新石器时代起直至魏晋，是中国文化的第一个发展周期；在魏晋时期中国文化出现衰落之际，因印度佛教传入而重新启动文化传承，进入第二周发展进程。这一重要观点客观上直指中国文化的保守弱点，展望了历以近代西洋文化融合并创造出中国文化发展第三周伟业的可能性。

中国传统士人常怀的"天下兴亡，匹夫有责"的抱负，既是关怀天下的知识责任，也是这个群体的责任伦理和文化宿命。每当一个重大历史机遇来临，知识人都会十分敏感，也会凭借思想认知进行判断并努力影响舆论，以使国家不要错过时代发展的历史性机遇。

雷海宗将二战时期的世界类比为中国的战国时代，自比抵御暴秦的各国名士，自诩为"策士"。其后林同济、雷海宗等人创办的刊物即名为《战国策》，在《大公报》开设的专栏名谓"战国"，志在为天下苍生请命和献策。故而这一群体渐有"战国策派"之名声。

雷海宗多次乐观预估中国文化第三周的到来，并视之为中华民族复兴的学术概括。显然，这不只是雷海宗爱国情感的爆发，也不只是一种立场表达，而是力求在学术上找寻文化发展的内在逻辑，增强其言论的说服力。他所倡导的"中国文化两周论"，不仅给战时思想文化界送上了一针兴奋剂，更是对丧失抵抗之心的汪精卫之流的一声怒斥。

站在全球史的视野，以综合的知识结构为根基，受文化形态史学影响的雷海宗，在看到早期资本主义在全球的扩张后，深知短期内人类社会难以避免西方扩张与民族国家自保间的冲突，特别是在目睹日本势力步步进逼时，极易得出唯有抵抗方能自保的判断。雷海宗于20世纪30年代初就在持续探讨中国兵的文化及其困境，独具胆识地提出兵的文化是中国生存与延续根本保障的观点。

客观地讲，20世纪30年代初，预言中日必有一战者大有人在，毛泽东、蒋介石等政治家均作此论，一些知识分子如胡适、蒋廷黻等也有此说，但他们只是在探讨如何延迟战事爆发或战事一起中国如何应对，极少如雷海宗从中国文化角度去分析军事精神与文化间的关联性。

雷海宗、林同济（战前任南开大学政治学教授兼经济研究所教授，时任云南大学文学院院长、经济学教授，战国策派主要代表人物）在太平洋战争爆发后即预言，世界大战此时难言谁胜，但欧美获胜的概率要大得多，中国与欧美站在一起毫无问题。从文化形态史观出发，无论获得大战胜利的是欧美还是纳粹，战后世界必会出现"两三个大力国主宰世界"的格局。如果我们将"大力国"换成常用的"超级大国"，纵观战后半个世纪的风云激荡，雷、林两位对世界格局可谓实现了精准预言。这一预言恐怕不只是运气使然，其学说所具有的文化意义和政治价值，难道不值得认真吸取吗？

在文化形态史观的理论体系中，借用自然生态的生死更替规律，人类文化当然也难脱生死约束。雷先生将中国文化与世界文化分成若干个阶段，特别对世界七大文明中唯一历经数千年延续不绝的中国文化进行了分期，细述在魏晋南北朝之际"五胡乱华"的动荡中，中国文化在几近覆亡之时何以绝处逢生，缘由在于印度佛教文化的传入，中国文化才得以满血复活。历经千年后的19世纪末，中国文化再次遭遇欧美列强侵略并陷于文化困境，再次近乎"亡国灭种"，又是机缘巧合，工业化时代再次来临，中国文化如能融入，必得进入第三个发展周期，并终将迎来文化复兴的盛世。此后，这一学术观点终得主流认同。1995年纪念抗战胜利五十周年时，著名史学家刘大年将抗日战争时期视为中华民族的"复兴枢纽"，可谓英雄所见略同。2020年9月3日，习近平总书记再次强调，抗日战争的伟大胜利，"是中华民族从近代以来陷入深重危机走向伟大复兴的历史转折点"。

抚今追昔，感慨良多。

对战国策派的思想及文学实践，战时即有不同见解和议论，原本只是学术论争，但在战时政治斗争背景下，一些文化人将其与法西斯思潮硬性联系起来加以批判，虽然很快即被主持南方局工作的周恩来纠正，但这一批判的声调在1949年后的阶级斗争氛围中持续存在，将其附会为国民党文化领域的代表性思潮并渐成固识，战国策派思潮及文化形态史观的影响由此被莫名放大。雷海宗及战国策派主要代表人物因此蒙难，屡遭批判，而几乎所有的中国近代学术史、哲学史、思想史、文学史和史学史，都会将战国策派写上几笔。直至20世纪90年代，这一现象才逐渐改变。

雷海宗所论绝非学术终极，皆可评判，其是否称得上"民国大师"亦可另论，但在质疑雷海宗学术及问题意识的所谓"拨乱反正"言论出笼时，今天一些人的做法与八十余年前几乎如出一辙。不是细读雷著，客观分析其逻辑矛盾或观念错误，而是借势大泼污水，先以立场不同有意为之，后挟时代雷霆狂轰滥炸，最后则是挟私报复，呈现出汉娜·阿伦特所揭示"平庸之恶"的典型特征。

对历史特征及规律的探讨，本就极其困难，如果饱含浓烈情绪，预设特定立场，必会影响其思想的深度。那一代人如此，雷海宗也是如此。问题在于，具有情感的人，能否如人工智能一般机械式思考自身文化？能否冷如冰霜般地认识养育之地的命运？马克思说过，"思想"一旦离开"利益"，就一定会使自己出丑。在民族国家时代，雷先生倡导文化形态史观的"利益"何在？除了爱国，除了为中国人找寻一份抵御侵略、避免亡国灭种的底气，增强一份对中国文化死而后生、凤凰涅槃的勇气，他还能得到什么？难道他错付心血了吗？又有几人可以超越雷海宗？

八十余年前的抗日战争，是李鸿章所言"三千年未有之变局"的延续，是中华民族自救重生的根本性一战。八十余年后，中华民族又面临"百年未有之变局"，站在了一个新的历史机遇面前。重读雷先生的文章，不得不感叹：纸墨之寿，永于金石；思想之力，穿越历史。或许我们可以从历史的相似中悟出点什么，为未来的生活点亮自信。

中国文化与中国的兵

如此，我们也算是回应了雷先生那句"自古忧虑无人和"的哀叹！

校阅完本书，心中挥之不去的是肖黎在《最后的一课》中描述的场景：

最后一堂课结束了，依然没有例行地致意和掌声。雷先生孤独地拄着拐杖走了。在这难以言表的时刻，同学们都走到窗前，目送着他登上回医院的车渐渐地离去。

南开大学历史学院教授

2023年春

有关版本问题的说明

1940年2月，雷海宗先生新著《中国文化与中国的兵》由商务印书馆出版，一时激起学界热议，后来也被视为抗战时期战国策派思潮的代表作之一。

这部著作汇编了雷海宗先生在抗战前后陆续发表的十篇文章，以上、下编的形式分成学术论文和时政文章两大类。上编以学术视角对中国历史上的兵制、家族制度、皇权体制进行深入理性的剖析，特别是对五千年来延续至今的中国文化的特征及发展周期进行了独特的解释；下编则在学术认知基础上，对面临抗战困境的中国，如何以增强文化自信鼓舞国人殊死抵抗、维系中华文化脉络不辍发出呐喊。两部分文章从学术演进至现实关怀，丝丝入扣、毫无违和，充分体现了雷海宗先生在中国古代史研究上的学术精进状态，也蕴含着他在被称为"战国"时代的第二次世界大战中，力争为国做"策士"的抱负和强烈的爱国主义热情。

雷海宗先生编此书时，正值中国抗日战争最为艰苦卓绝之时。1937年至1938年上半年，雷海宗先生随同同仁历经艰难从长沙跋涉至昆明，建立西南联合大学。生活刚刚稳定的他，思绪却萦绕在战火纷飞的硝烟中，他时时刻刻在思索这场世界大战将如何影响国际格局、如何影响中华民族未来的命运这一宏大主题。出于多种考虑和自身对学术及时代认知上的变化，对收录于此的这些已经公开发表的文章，雷海宗先生进行了相应的修改。一方面是增加了部分内容，直指中国文化的相关问题；另一方面则是为中国文化未来的出路发出呐喊。出于对雷海宗先生学术及时政认知的精确理解，我们对雷海宗先生这些文章最初发表时的版本与所收录版本间的差异进行了校勘，或许可以从中看出雷海宗先生及其那一代人的学术水准，是如何以"通古今之变"的宗旨体现其入世的志向及强烈的爱国情怀，或许由此得以感悟"一切真历史都是当代史"（克罗齐语）的道理！

一、《皇帝制度之成立》一文，原刊于《清华学报》第9卷第4期（1934年10月），收入此书时，雷先生将之改名为《中国的元首》。

本文原有六部分，收入此书时增加了第七部分"后言"。原有标题均以"一、二、三、四、五、六"排列，并无标题主旨，收入此书时加上了相应的标题主旨。最后一部分"七、后言"，是雷先生将此文初稿的最后一段文字单独分出后，再加上一段文字所成。在新加的文字中，雷先生写道：帝制在中国政治文化中已是根深蒂固，"只有非常强烈的外来压力才能将它摇撼"，近百年来欧美政治经济文化的力量与此前内部的争斗力量均有所不同，是一种足以动摇中国传统文化的强力，所以辛亥革命才可以将延续二千年来的中国帝制轻易推翻。然而目睹民国初年以来中国政治体制复杂的困境后，雷先生认为，未来中国建设中，元首或者领袖制度，将"是一个不能避免的大问题"。

二、在《无兵的文化》一文中，雷先生并无大的修改与增删，但直指现实之意丝毫不减。如在谈及乱世知识分子的误国行为时，概括有三："无谓的结党误国"；"清谈"，直击抗战前后一些"弄世丧志的小品幽默文字，与一知半解的抄袭西洋各国的种种主义与盲目的号呼宣传，可说是两种不同的20世纪的清谈"；"做汉奸"，他列举宋末刘豫和张邦昌、明末洪承畴的例子后，专门加了一句"近年的例可无需列举了"，直指汪精卫之流。

三、雷先生将体现其关于中国文化变迁特征代表性观点的《断代问题与中国历史的分期》一文收入此著时，将原文题目改为《中国历史的两周》，更加鲜明地突出了其以历史关怀现实的中心思想。

本书的校对版本来源：一是由全国图书馆文献缩微复制中心提供的1940年2月由商务印书馆出版的《中国文化与中国的兵》原版；二是雷海宗先生当年发表在各类学术杂志和报纸上的原件。受制于学术发展的时代性，雷先生的一些论述与时下有些出入，为不影响对其学术思想的理解，此次出版未做修改，仅对版式、标点、涉及时间的数字用法、少量衍误等影响阅读处予以调整，本书基本保留了1940年版原貌。特此说明，并向全国图书馆文献缩微复制中心致以谢忱！

南开大学历史学院教授

2023年春

序

本书上编的几篇文字是抗战前三年间在清华大学发表的。最晚的《中国的家族》一篇于二十六年七月一日出版①；一周后的夜间，著者在宁静的清华园，就被卢沟桥的炮声由睡梦中震醒。

《中国的元首》（原名《皇帝制度之成立》）见于《清华学报》。《中国的兵》、《中国的家族》（原名《中国的家族制度》）、《世袭以外的大位承继法》、《无兵的文化》、《中国文化的两周》（原名《断代问题与中国历史的分期》），都先后见于清华大学的《社会科学》。除一二字句的修改外，此次合刊仍保留初刊时的原像。

下编中，《此次抗战在历史上的地位》一文，是二十七年二月十三日在汉口《扫荡报》的一篇专论。《在望的第三周文

---

① 此处为中华民国纪年，即1937年7月1日。——编者注

化》①与上、下两编前的总论，都是特为此次合刊而作，前此未在他处发表。

中华民国二十七年十二月，
雷海宗于昆明国立西南联合大学

---

① 即指《建国——在望的第三周文化》一文。——编辑注

上　编

总论——传统文化之评价

本编各篇，除附录的《世袭以外的大位承继法》是著者于二十五年与二十六年之间的冬季受特别感触而写的之外，都是对于中国旧文化批评估价的文字。前三篇由三个不同的方向探讨秦汉以上的中国——动的中国。第四篇专讲秦汉以下的中国——比较静止的中国。第五篇合论整个的中国历史。五篇文字当初虽曾分别问世，但勉强尚有一贯的线索可寻。内中大半可说是非议与责难，但并不是无聊的风凉话；又有一部分是赏鉴与推崇，但并不是妄自尊大的吹嘘。此中自赞的话，已由抗战的过程证明为真言；自责的话，至今也无修改的必要。此次抗战，是抗战而又建国。若要创造新生，对于旧文化的长处与短处，尤其是短处，我们必须先行了解。中国文化，头绪纷繁，绝非一人所能彻底解明。这几篇文字若能使国人对于传统的中国多一分的明了，著者的目的就算达到了。

中国的兵

（一）春秋

（二）战国

（三）秦代

（四）楚汉之际

（五）西汉初期

（六）汉武帝

（七）武帝以后——光武中兴

（八）东汉

（九）后言——汉末至最近

历代史家关于兵的记载多偏于制度方面，对于兵的精神反不十分注意。本文范围以内的兵的制度，《文献通考》一类的书已经叙述甚详。所以作者的主要目的是要在零散材料的许可范围内看看由春秋时代到东汉末年当兵的是什么人，兵的纪律怎样，兵的风气怎样，兵的心理怎样；至于制度的变迁不过附带论及，因为那只是这种精神情况的格架，本身并无足轻重。作者相信这是明了民族盛衰的一个方法。

一、春秋

西周的兵制无从稽考，后世理想的记载不足为凭。但西周若与其他民族的封建时代没有大的差别，那时一定是所有的贵族（士）男子都当兵，一般平民不当兵，即或当兵也是极少数，并且是处在不重要的地位。

关于春秋时代虽有《左传》《国语》内容比较丰富的史籍，我们对于当时的兵制仍是不甚清楚。只有齐国在管仲时期的军制，我们可由《国语》中①得知梗概，其他各国的情形都非常模糊。按《国语》：

> 管子于是制国以为二十一乡，工商之乡六，士乡十五。公帅五乡焉，国子帅五乡焉，高子帅五乡焉。

这段简单的记载有一点可以注意，就是工商人没有军事义务，因为只有十五个士乡的人才当兵。这些"士"大概都是世袭的贵族，历来是以战争为主要职务的。这个军队的组织与行政组织是二位一体的。行政的划分如下：

（一）国分十五乡——由乡良人治理；

---

① 《国语》卷六《齐语》。

（二）乡分十连——由连长治理；

（三）连分四里——由里有司治理；

（四）里分十轨——由轨长治理；

（五）每轨五家。

与这个行政划分并行的是管仲所制定的军政制度：

（一）每轨五家，出五人——五人为伍，由轨长统率；

（二）每里五十人——五十人为小戎，即戎车一乘，由里有司统率；

（三）每连二百人——二百人为卒，合戎车四乘，由连长统率；

（四）每乡二千人——二千人为旅，合戎车四十乘，由乡良人统率；

（五）每五乡万人——万人为军，合戎车二百乘；

（六）全国十五乡共三万人——全国三军，戎车六百乘，由国君、国子、高子分别统率。

这是“国”的军队，是由三万家出三万人组织而成。所谓“国”是指京都与附近的地方，只占全国的一小部分。“国”中的居民除工商外，都是世袭的“士”，并无农民。工商直到齐桓公时（西前685至前643年）仍无当兵的义务。农民当初有否这种义务虽不可考，管仲变法之后却有了当兵的责任；但并不是全体农民当兵，而是拣择其中的优秀分子。据《国语》：

是故农之子恒为农。野处而不昵，其秀民之能为士
者必足赖也。有司见而不告，其罪五。

可见选择农民中的特出人才"能为士者"是有司的一种
重要职务。

"国"以外的地方统称为"鄙"，一定有"士"散处各处，
但鄙中多数的人当然是人口中绝对多数的农民。管仲所定的
鄙组织法如下：

（一）三十家为邑；

（二）十邑为卒——三百家；

（三）十卒为乡——三千家；

（四）三乡为县——九千家；

（五）十县为属——九万家；

（六）鄙共五属——四十五万家。

国中每家出一人，鄙中却不如此；既然规定选择农民中
优秀的为士，当然不能有固定的数目。但《国语》中说齐桓
公有"革车八百乘"，而"国"中实际只有六百乘；其余二百
乘，合一万人，似乎是鄙所出的兵额。这若不是实数，最少
是管仲所定的标准。假定四十五万家中有四十五万壮丁，由

其中选择一万人，等于每四十五人出一人当兵。①所以春秋时代的齐国仍是士族全体当兵，但农民中已有少数由法律规定也有入伍的责任。

别国的情形如何，不得而知。但在同一个文化区域内，各种的发展普通都是一致的，春秋时代各国的情形大概都与齐国相仿。关于秦穆公（西前659至前621年）战国时代有如下的一个传说：

> 昔有秦穆公乘马而车为败，右服失而野人取之。……见野人方将食之于岐山之阳，穆公叹曰："食骏马之肉而不还饮酒，余恐其伤汝也！"于是遍饮而去。处一年，为韩原之战，晋人已环穆公之车矣……野人尝食马肉于岐山之阳者三百有余人，毕力为穆公疾斗于车下。遂大克晋，反获惠公以归。②

---

① 这些数目当然都是大概的成数，并不是精确的实数，但离实数似乎并不甚远。鄙中四十五万家，每家若按五口计算，共合二百二十五万人；若按八口计算，共合三百六十万人。至于国中人多半是士族，行大家族制，所谓三万家的"家"字不知何指。但与鄙相较，国在人口数目上可说无足轻重，我们仍可说三百六十万是齐桓公时齐国人口的最高估计。近代中国人口骤然增加，是与西洋接触后的变态现象，不足为比较的标准。经过满清一百五十年的太平盛世，乾隆晚年的人口大概可代表中国历代人口的最密限度。按清朝《文献通考》卷一九《户口考一》，乾隆四十八年(此后没有分省的统计)山东人口为二千二百零一万二千六百六十一人。这虽也是大概的数目，但自康熙废了人丁税之后人口的统计还大致可靠。这个数目与三百六十万为六与一之比，与二百二十五万为十与一之比。桓公时齐国的领土界线不清，但离今日山东面积的六分之一或者相差不远。即或当时的人口比较后代稀少，《国语》中的记载也与事实大致相合。
② 《吕氏春秋》卷八《仲秋纪》第五《爱士篇》。

这虽是很晚的传说，但《吕氏春秋》是秦国的作品，关于秦国先君的记载或者不至全为虚构。由这个故事我们可见韩原一战秦国军队中最少有三百个平民出身的兵。

春秋时代虽已有平民当兵，但兵的主体仍是士族。所以春秋时代的军队仍可说是贵族阶级的军队。因为是贵族的，所以仍为传统封建贵族的侠义精神所支配。封建制度所造成的贵族，男子都以当兵为职务，为荣誉，为乐趣。不能当兵是莫大的羞耻。我们看《左传》《国语》中的人物由上到下没有一个不上阵的，没有一个不能上阵的，没有一个不乐意上阵的。国君往往亲自出战，所以晋惠公才遇到被虏的厄难。国君的弟兄子侄也都习武，并且从极幼小时就练习。如晋悼公弟扬干最多不过十五六岁就入伍，因为年纪太小，以致扰乱行伍。①连天子之尊也亲自出征，甚至在阵上受伤。如周桓王亲率诸侯伐郑，当场中箭。②此外，春秋各国上由首相，下至一般士族子弟，都踊跃入伍。当兵不是下贱的事，乃是社会上层阶级的荣誉职务。战术或者仍很幼稚，但军心的盛旺是无问题的。一般的说来，当时的人毫无畏死的心理，在整部的《左传》中，我们找不到一个因胆怯而临阵脱逃的人。当时的人可说没有文武的分别，士族子弟自幼都

---

① 《左传》襄公三年。当时悼公自己年只十七岁，扬干幼小可知。

② 《左传》桓公五年。

受文武两方面的训练。少数的史筮专司国家的文书宗教职务，似乎不亲自上阵。但他们也都是士族出身，幼年时必也受过武事的训练，不过因专门职务的关系不便当兵而已。即如春秋末期专门提倡文教的孔子也知武事。《论语·述而篇》记孔子"钓而不纲，弋不射宿"，可见孔子也会射猎，并不像后世白面书生的手无缚鸡之力。又《论语·季氏篇》，孔子讲"君子有三戒"说："血气方刚，戒之在斗。"孔子此地所讲的"君子"似乎不只是阶级的，也是伦理的，就是"有德者"如孔子弟子一类的人。他们要"戒之在斗"，必有"斗"的技艺与勇气，不像后世的文人只会打笔墨官司与研究骂人的艺术。

二、战国

战国初期文化的各方面都起了绝大的变化。可惜关于这个时代，史料非常缺乏。《左传》《国语》都已结束；《战国策》本身即不可靠，对战国初期又多缺略；《竹书纪年》真本后世愚妄的士大夫又眼看着它失传。所以这个轰轰烈烈的革命时代使后来研究的人感到极大的苦闷。我们由《史记》中粗枝大叶的记载，只能知道那一百年间（约西前470至前370年间）曾有几个政治革命，革命的结果是国君都成了专制统一的绝对君主，旧的贵族失去春秋时代仍然残留的一些封建

049

权利。同时在春秋时代已经兴起但仍然幼稚的工商业①到春秋末战国初的期间已进入政治的领域。范蠡②与子贡、白圭③诸人的传说可代表此时商业的发达与商人地位的提高。

传统的贵族政治与贵族社会都被推翻，代兴的是国君的专制政治与贵贱不分、最少在名义上平等的社会。在这种演变中旧的文物当然不能继续维持，春秋时代全体贵族文武两兼的教育制度无形破裂，所有的人现在都要靠自己的努力与运气去谋求政治上与社会上的优越地位。文武的分离开始出现。张仪的故事可代表典型的新兴文人：

> 张仪已学而游说诸侯，尝从楚相饮。已而楚相亡璧，门下意张仪曰："仪贫无行，必此盗相君之璧！"共执张仪，掠笞数百。不服，释之。其妻曰："嘻！子毋读书游说，安得此辱乎？"张仪谓其妻曰："视吾舌尚在不？"其妻笑曰："舌在也。"仪曰："足矣！"④

这种人只有三寸之舌为唯一的法宝，凭着读书所学的一些理论去游说人君。运气好，可谋得卿相的地位；运气坏，可

---

① 《国语》卷一四《晋语八》提到"绛之富商……能金玉其车，文错其服，能行诸侯之贿，而无寻尺之禄"。可见春秋时已有富商，但在政治上尚无地位。《左传》僖公三十三年，商人弦高救郑的故事，也是春秋时代有大规模商业的一个证据。
② 《史记》卷四一《越王勾践世家》。
③ 《史记》卷一二九《货殖列传》。
④ 《史记》卷七〇《张仪传》。

受辱挨打。他们并无军事的知识，个人恐怕也无自卫的武技，完全是文人。

另外一种人就专习武技，并又私淑古代封建贵族所倡导的侠义精神。聂政①与荆轲②的故事最足以表现这种精神。他们虽学了旧贵族的武艺与外表的精神，但旧贵族所代表的文化已成过去。旧贵族用他们文武兼备的才能去维持一种政治社会的制度，他们有他们的特殊主张，并不滥用他们的才能。他们主要的目的，在国内是要维持贵族政治与贵族社会，在天下是要维持国际的均势局面。这些新的侠士并无固定的主张，谁出高价就为谁尽力，甚至卖命，也正如文人求主而事只求自己的私利一样。列国的君王也就利用这些无固定主张的人去实现君王自己的目的，就是统一天下。历史已发展到一个极紧张的阶段，兵制也很自然地扩张到极端的限度。

可惜关于战国时代没有一部像《左传》或《国语》的史籍，以致时代虽然较晚，我们对于那时的政治史与政治制度反不如春秋时代知道的清楚。各国似乎都行军国民主义；虽不见得人人当兵，最少国家设法鼓励每个男子去当兵。关于这种近乎征兵的制度，只《荀子》中有一段极简略而不清楚的记载：

> 齐人隆技击，其技也，得一首者则赐赎锱金。……
> 魏氏之武卒以度取之，衣三属之甲，操十二石之弩，负

----

① 《战国策》卷二七《韩策二》。
② 《战国策》卷三一《燕策三》。

服矢五十个，置戈其上，冠轴带剑，赢三日之粮，日中而趋百里。中试则复其户，利其田宅。……秦人其生民也陿阸，其使民也酷烈，劫之以执，隐之以阸，忸之以庆赏，鳌之以刑罚，使天下之民，所以要利于上者，非斗无由也。①

这是一段战国时代好空谈的儒家的记载，对于军事并无同情，所以记载的也不清楚。但看来秦国似乎是行全民皆兵的制度，齐魏两国最少希望多数的人民都能当兵并定出一定的标准，以重利为诱惑，驱使多数人都努力去达到规定的标准。

战国时代的战争非常惨酷。春秋时代的战争由贵族包办，多少具有一些游戏的性质。我们看《左传》中每次战争都有各种的繁文缛礼，杀戮并不甚多，战争并不以杀伤为事，也不以灭国为目的，只求维持国际势力的均衡。到战国时代情形大变，战争的目的在乎攻灭对方，所以各国都极力奖励战杀，对俘虏甚至降卒往往大批地坑杀，以便早日达到消灭对方势力的目的。吴越之争是春秋末年的长期大战，也可说是第一次的战国战争。②前此大国互相之间并无吞并的野心，对小国也多只求服从，不求占领。吴国仍有春秋时代的精神，

① 《荀子》卷一〇《议兵篇》第一五。
② 《国语》卷一九《吴语》，卷二〇《越语》。

虽有灭越的机会仍然放过，但伍子胥已极力主张灭越。后来越国就不客气，把横行东南百余年的大吴国一股吞并。从此之后，这就成为常事。

坑卒与战争时大量的杀伤，据《史记·秦本纪》与《秦始皇本纪》前后共十五次：

（一）献公二十一年，与晋战于石门，斩首六万；

（二）惠文王七年，与魏战，斩首八万；

（三）惠文王后元七年，秦败五国兵，斩首八万二千；

（四）惠文王后元十一年，败韩岸门，斩首万；

（五）惠文王后元十三年，击楚于丹阳，斩首八万；

（六）武王四年，拔韩宜阳，斩首六万；

（七）昭襄王六年，伐楚，斩首二万；

（八）昭襄王十四年，白起攻韩魏于伊阙，斩首二十四万；

（九）昭襄王三十三年，破魏，斩首十五万；

（十）昭襄王四十三年，白起攻韩，斩首五万；

（十一）昭襄王四十七年，白起破赵于长平，坑降卒四十余万；

（十二）昭襄王五十年，攻三晋，斩首六千，晋军走死河中二万；

（十三）昭襄王五十一年，攻韩，斩首四万；攻赵，首虏九万；

（十四）王政二年，攻卷，斩首三万；

（十五）王政十三年，攻赵，斩首十万。

《秦本纪》与《秦始皇本纪》是太史公根据《秦纪》所作，事实大致可靠。其中所记都是秦国战胜后的杀伤数目。此外秦国失利甚至战胜时的死伤并未记载，其他六国相互间的战争当然杀伤也很可观。这是各国都全民武装的自然结果。斩首与大规模的坑杀成为常事，无人认为奇怪。

后代的人对于战国时代斩首数目的宏大，尤其对于坑杀至数十万人的惊人事实，往往不肯置信。这可说都是因为后代不善战不肯战的文人不能想象历史上会有这种惨酷的时代。秦国以斩首多少定功行赏，斩首的数目不会有误。别国恐怕也采同样的办法。我们不可忘记这是一个列国拼命的时代，战争的目的是要彻底消灭对方的抵抗力。战争都是灭国的战争，为达到灭国的目的，任何手段都可采择。这是一个文化区域将要统一时的必有现象。罗马与迦太基的死战是古代地中海文化区将要统一时的大战。迦太基是当时的大国，但三战之后罗马不只灭了迦太基的国家，并且连它的人民也大多屠戮。这是有可靠的史料可凭的史的实。可惜战国时代完全可凭的材料太少，但关于政治史与战争史的《秦本纪》与《秦始皇本纪》还算是最可靠的资料，我们没有否认的理由。

这种紧张的空气当然是不易忍受的。厌战的心理与军国主义相偕并进。墨子、宋钘一般人的奔走和平，不过是最惹当时与后世注意的厌战表现。一般的人民，虽然受暗示与群众心理以及国家威胁利诱的支配，或者多数乐意入伍，但必有少数是不愿参加这种屠宰场式的战争的。这种平民的呼声当然难以传到后代，但并非全无痕迹可寻。关于吴起有如下的一段记载：

> 起之为将，与士卒最下者同衣食，卧不设席，行不骑乘，亲裹赢粮，与士卒分劳苦。卒有病疽者，起为吮之。卒母闻而哭之。人曰："子，卒也，而将军自吮其疽。何哭为？"母曰："非然也！往年吴公吮其父，其父战不旋踵，遂死于敌。吴公今又吮其子，妾不知其死所矣！"[1]

可见在战国的死拼局势之下当权的人想尽方法去鼓励人民善战，战死的特别多，整个家庭绝灭的例一定也不少；民间自然有厌战的心理发生，故事中士卒的老母不过是我们由古籍中所仅见的一人而已。

总之，战国时代虽是战争极烈，但由军心民气方面看，两种不健全的现象也萌芽于此时：一是上等阶级的文武分离与和平主义的宣传提倡，一是一般人民中厌战心理的渐渐发生。在当时的紧张空气之下这两种现象好似都不严重，不过是狂曲中陪衬的低音，使正曲益发显得壮烈。但后代军民隔离、社会解体的没落局面都孕育在这两种不甚惹人注意的现象中。

---

[1] 《史记》卷五六《吴起传》。

中国文化与中国的兵

三、秦代

秦在战国时代行征兵制，大概是无疑问的。情形特别严重时，甚至连童子也上阵。例如长平之战，秦王亲自到河内，"赐民爵各一级，发年十五以上悉诣长平"[①]。不过天下一统之后这种制度就不便不加修改而仍全部地实行。前此征兵制是因各国竞争，需要人人当兵。现在天下一家，内战理当消灭，对外也不一定需要天下人都去从军。并且六国虽被武力统一，最少一部分人仍有旧国的留恋，秦始皇对这般人也不敢轻于信任，所以即皇帝位的当年（始皇二十六年，西前221年）就大规模地缴械：

> 大酺。收天下兵，聚之咸阳，销以为钟镰，金人十二，重各千石，置廷宫中。[②]

这几句轻描淡写的文字所讲的是当时一件富有危险性而办理十分敏捷的大事。秦汉时代平时禁止人民聚饮：

> 汉律：三人已上无故群饮，罚金四两。[③]

---

① 《史记》卷七三《白起传》。
② 《史记》卷六《秦始皇本纪》。
③ 《史记》卷一〇《孝文帝本纪》即位之年，《集解》引文颖注。

056

汉制多承秦旧，这条汉律一定也是秦时的旧法。秦方并天下，于是就表示庆祝，特别许人民随意聚饮。这是很自然的事，人民当然不疑有什么作用。始皇暗中摆布，很容易地就把民间所藏的军械查出没收。虽然全部检出是办不到的事，但被没收的一定要占很大的部分。因为前此民间都有兵器，并无禁例，所以军械一定都公开地摆列，没有藏匿的需要，检查没收并无困难。

不过有一点《本纪》中没有言明，却是很关重要的事，就是所谓"收天下兵"的"天下"是否也包括秦国旧地在内。按理秦国人民对新局面不致不满意，无需缴械。若秦人也缴械，岂非国家就要无兵可用？所以十二铜人与铜器所用的大概都是六国的铜。

但无论如何，天下的重兵都驻在关中，兵士大多必是旧秦国人，此点由秦始皇的驰道政策可以看出。秦始皇并天下的次年，即二十七年，就开始治驰道。①驰道的形势，据汉初人的传说：

> 为驰道于天下，东穷燕齐，南极吴楚，江湖之上，濒海之观毕至。道广五十步，三丈而树，厚筑其外，隐

---

① 《史记》卷六《秦始皇本纪》。

以金椎，树以青松。①

文中"东穷燕齐，南极吴楚"两句话极可注意。只讲东与南，不提西与北，可见所有驰道的路线都以秦，尤其是咸阳，为起发点，直达六国的各冲要地，以便秦兵随时能迅速地开出平乱。这证明天下的重兵驻在关中，其他各地只有轻兵镇压，或者只有郡尉所领地方的保安兵，并非正式的军队。始皇相信民间兵器大部没收，又有驰道可任秦兵随时开往各地，六国的旧地不致有大问题发生。若地方有兵驻守，我们很难想见秦二世时各地起兵何以那样容易。

秦代当初要将军队限于秦人，但事实上不免有很大的困难。内战虽已停止，边患并未消灭。并且从前各国分担的边防现在归秦独自担当，同时关中所驻以防六国复起的重兵也不见得比战国末期秦国所需的兵少得许多。所以按始皇原来的计划，一定要有感到兵不足用的一天。尤其四边用兵与边疆的防戍规模太大，只靠秦国人决难办到。所以始皇三十三年，"发诸尝逋亡人，赘婿，贾人略取陆梁地"②。

---

① 《汉书》卷五一《贾山传》。这是贾山为汉文帝所作《至言》中的话。贾山年岁不可考，《至言》的年代也无记载，只说在文帝除铸钱令之前；除铸钱令，据《文帝纪》，在五年（西前175年），秦亡于西前207年，当中只有三十二年的时间。贾山此时年岁最少当在三十左右，所以他个人必曾亲见秦的驰道。况且汉时的驰道承继秦旧，到文帝时还没有多少改变。所以这种记载，今日看来虽像过于铺张，所讲的却是著者亲见的官道，决非文人空弄笔墨的浮词。
② 《史记》卷六《秦始皇本纪》。

这里并未说所发的限于秦国，并且秦国逋亡人等恐怕原有当兵的责任，无需特别征发。所以这次所发的一定是天下各地的人。此外还有一个证据：秦二世二年，天下大乱，李斯等谏二世：

> 关东群盗并起，秦发兵诛击，所杀亡甚众，然犹不止。盗多，皆以戍漕转作事苦，赋税大也。请且止阿房宫作者，减省四边戍转。①

由此可见边疆戍转是关东大乱的一个重要原因，证明边疆上的兵并不是秦人，至少秦人不占多数。由始皇三十三年取陆梁地所发的人，我们可知戍边人的成分：逋亡人是流民，赘婿都是贫困无赖的人，贾人是抑商政策下所认为卑贱的人。②总而言之，所发的都是社会所认为下流的人。这些下流人大概没有留恋旧国的思想，所以将他们发到边疆并无危险。这是后代只有流民当兵、兵匪不分、军民互相仇视的变态局面的滥觞。同时，良家子弟渐渐不愿当兵恐怕也是秦代不得不发流民的一个原因。缴天下械，征发流民，一方面是与秦有利的政策，一方面恐怕也正合乎一般厌战人民的心理。在这种两便的局面下，古代健全活泼的社会就被断送。

---

① 《史记》卷六《秦始皇本纪》。
② 秦的重农抑商政策见《秦始皇本纪》二十八年琅邪台刻石文。

四、楚汉之际

六国遗民的复国思想，秦代用民的过于积极，是秦亡的两个主要原因。各地起兵叛秦的多是乌合之众。例如陈胜起兵的基本队伍就是发遣屯戍渔阳的人，彭越起兵时所领的不过是些强盗与流浪少年，黥布也是强盗头目，郦商是流氓头目。①《史记》中常常讲到这些人到各处"略人""略地"或"徇地"。所谓"略人"云云就是到各处召募流氓的意思。这些初起的都是流氓集团。在起事的人中，只有项羽、刘邦两人的兵比较可用。两人起事的地方（沛与会稽）都是战国时代楚国的旧地。楚在战国末期是秦以外最强的国家。各国在亡国的前夕抵抗的能力已经消灭。②原故虽然不很明显，但秦的奖励战杀与大规模坑杀降卒恐怕是使列国的青年与壮丁日愈减少以至抵抗力几乎消灭的重大原因。所以五国最后吞并时，秦国反倒不觉特别费力。只有楚国情形不同。李信当初率二十万人攻楚，为楚所败。后来老将王翦用六十万兵才把楚国解决。③可见楚国仍是一个严重的问题。六国虽都有散兵游勇，恐怕只有楚国余的退伍士卒比较盛多，因为《史记》

---

① 《史记》卷四八《陈涉世家》，卷九〇《彭越传》，卷九十五《郦商传》。
② 《史记》卷六《秦始皇本纪》及各《世家》。只有齐国在被燕一度占领之后专讲和平主义，最后不抵抗而亡。别国亡时都是抵抗力消灭，并不是有兵而不用。
③ 《史记》卷七三《王翦传》。

与《战国策》中都没有亡国时楚国军队为秦国大批屠杀的记载。在以前二三十年间，秦国的兵力多用在北方，无暇顾到楚国，在别国大受痛创时楚国的元气仍得保全。所以楚国虽亡，可能的实力还是很大。"楚虽三户，亡秦必楚"的谶语①意义虽不清楚，但必有事实上的根据。当时的人恐怕都觉得只有楚国将来或有翻身的能力，甚或将秦推倒。所以北方起事的军队都不值章邯所领的秦兵一击，只有楚军可与秦兵一拼。太史公将这种情形描写得极为透彻活现：

> 当是时楚兵冠诸侯，诸侯军救巨鹿下者十余壁，莫敢纵兵。及楚击秦，诸将皆从壁上观。楚战士无不一以当十，楚兵呼声动天。诸侯军无不人人惴恐。于是已破秦军，项羽召见诸侯将。诸侯将入辕门，无不膝行而前，莫敢仰视。项羽由是始为诸侯上将军，诸侯皆属焉。②

巨鹿之战虽有善战的项羽为将，但若无比较强悍的兵，

---

① 《史记》卷七《项羽本纪》。范增说项梁："自怀王入秦不返，楚人怜之至今。故楚南公曰：'楚虽三户，亡秦必楚也。'"南公，据《汉书》卷三〇《艺文志》阴阳家有南公三十一篇，自注称南公为"六国时"人。无论这段谶语是否六国时南公所说，也无论当初的意义如何，但到秦统一天下后仍是楚国民间流行的预言，一方面表示楚民的希望，一方面证明楚国人相信自己终有灭秦的一天。这种信仰的事实根据就是在灭亡的六国中只楚国还有相当的实力。
② 《史记》卷七《项羽本纪》。

也决难与历来有胜无败的秦军相抗。这次战争的结果极为重要。当时秦国最大的一支军队由章邯率领，驻在巨鹿附近的棘原，与项羽有过几次小接触，都不利。但两方大军若背水一战，胜负正不可知。所以项羽虽已击破巨鹿的秦兵，对这支大军能否应付还是问题。章邯若能败项羽，秦朝的寿命或能延长下去也未可知。章邯与项羽的相拒是历史上一个紧要的关头，但最后的结局却是出乎意外的荒谬可笑。因为后方有赵高作祟，章邯于是不经大战就带二十万的劲旅向项羽投降，并为诸军的前导向西攻秦。然而项羽对这支强大的秦军终不敢信任，于是乘夜把它全部坑杀。这是战国以来最末次的大批坑杀降卒。这支军队代表当时秦国实力的主体，从此秦的命运不卜可知。同时这支军队又可说是最后的一支国家军队，代表战国时代所遗留下来征兵制度下有训练、有组织的正式军队。从此以后，这类的军队在中国历史上就完全绝迹。各地起事的人虽都打着六国的旗号，实际他们谁都不代表，只代表他们自己。军队并不属于任何国家或任何地方，只属于他们自己。此后的军队都是个人的军队。军队的品格、纪律、战斗力等等都靠主帅一人。主帅若肯忠于国家，他的军队临时就是国家的军队。主帅若要反抗国家，十有八九他的军队是牺牲国家而拥护主帅的。列国并立时所激荡而生的国家主义到统一之后渐渐衰弱。用六国的名义推翻秦朝，可说是旧日国家主义的回光返照。在这次的大混乱中，旧的爱国思想就寿终正寝。汉代虽常有内乱，但决不是由地方爱国思想所推动的内乱。爱国思想本由列国竞争所产生，天下一统之后爱国思想既然源泉枯竭，当然要趋于消灭。同时将当初狭义的爱国观念崇高化，推广于天下一统的大帝国，在理论上当然是可以办到，但实际只有极少数想象力较大、信仰心较深、知识较广的人或者能了解这种大而无外的理想，大多数人对这种观念根本不发生兴趣。爱国观念中消极的成分较积极的成分浓厚得多。爱国志士与其说是爱本国，不如说是恨别国。恨恶别国，轻视别国，是爱国观念的必需条件；要不然，爱国观念就必渐渐衰弱以至于消灭。秦代与楚汉之际就是中国历史上这种大转变的时期。爱国的观念消灭，爱天下的观念流产，人民渐多不愿入伍，结果就产生了一个麻木昏睡的社会。

五、西汉初期

汉初在理论上又恢复了战国时代流行而秦代临时间断的征兵制。当时力役与军役是同一件事。据董仲舒说：

> 月为更卒，已复为正，一岁屯戍，一岁力役，三十倍于古。[①]
>
> 颜师古注："更卒，谓给郡县一月而更者也。正卒，谓给中都官者也。"

---

① 《汉书》卷二四上《食货志上》。

在乡间当差称"更卒"，在中央当差称"正卒"。这些正卒实际恐怕就是保卫京师宫殿以及各官署的卫士。同时在地方当差的，除为地方官署服役外，又是地方的军队：

> 《汉仪注》云："民年二十三为正。一岁为卫士，一岁为材官骑士，习射御骑驰战陈。"又曰："年五十六衰老，乃得免为庶民，就田里。"①

这种种的力役与军役总称为"更"。更又分三种：

> 更有三品：有卒更，有践更，有过更。古者正卒无常人，皆当迭为之。一月一更，是谓卒更也。贫者欲得顾更钱者，次直者出钱顾之，月二千，是谓践更也。天下人皆直戍边三日，亦名为更，律所谓徭戍也，虽丞相子亦在戍边之调。不可人人自行三日戍；又行者当自戍三日，不可往便还，因便住，一岁一更。诸不行者出钱三百入官，官以给戍者，是谓过更也。②

这显然是事实修改理论的现象。天下统一后无需人民全

---

① 《汉书》卷一上《高帝纪上》二年，注引如淳说。
② 《汉书》卷七《昭帝纪》元凤四年，注引如淳说。

体当兵，并不是这种新更赋制的主要原因。即或无需全体上阵，在地方受训练是每人可做也是健全社会每人当做的事。现在有践更的规定，一定有许多人根本就不再与军役发生任何的关系。并且这些人既能出雇更钱，多半都是在社会上地位比较高、资产比较厚、知识也比较深的人。春秋时代是上等社会全体当兵，战国时代除了少数以三寸舌为生的文人外，是全体人民当兵，现在上等社会不服军役而将全部卫国的责任移到贫民甚至无赖流民的肩上。所以汉代称这种制度为"更赋"，其中"更"的成分恐怕很少，"赋"的成分却极重要。"过更"当然完全是一种戍边税；"践更"虽不是直接交纳与国家的一种税，但国家既正式承认有钱者雇无钱者代替当兵，也等于一种税。少数"卒更"的人虽可说是直接尽国民当兵的义务，但实际他们恐怕都是终身当兵的，因为他们自己的期限满了之后就继续受雇"践更"或领饷"过更"。所以汉初在理论上虽仍行征兵制，实际所行的已是募兵制，不过尚未有募兵的名义而已。秦代发流民的临时政策到汉代就成了国家法定的制度。

汉高帝出身民间，对一般人民不肯当兵的情形恐怕知道得很清楚。所以他定制度时已默认征兵是不能实行的：

高祖命天下郡国选能引关蹶张材力武猛者，以为轻车、骑士、材官、楼船；常以立秋后讲肆课试，各有员数。平地用车骑，山阻用材官，水泉用楼船。①

文中的"选"字很可注意，"选"实际就是"募"。不过不被选的人要直接纳一种免役税，名义上算是认为大家都有当兵的义务。

汉初的兵力极其微弱。楚汉竞争的劳民伤财只能解释这种情形的一部分。征兵制破裂，募兵制又没有完全成立，兵制不定，组织一个可用的军队恐怕很不容易。同时又逢边疆上有强大的部落集团出现，以致大汉帝国只能守而不能攻。汉高帝虽然统一天下，却被匈奴困于白登，后来贿赂阏氏才得脱险。高帝算是受了一番教训，从此知道匈奴不像项羽一般人那样容易对付，只得委曲求和，行和亲的政策。高帝死后，单于冒顿甚至向吕后下求婚书：

孤偾之君生于沮泽之中，长于平野牛马之域，数至边境，愿游中国。陛下独立，孤偾独居；两主不乐，无以自虞。愿以所有，易其所无！

---

① 《后汉书》卷一下《光武帝纪下》建武七年，注引《汉宫仪》。关于四种军队地理上的分配，史籍中没有清楚的记载。由散乱的材料中可知巴蜀（《汉书》卷一下《高帝纪下》十一年）、三河、颍川、沛郡、淮阳、汝南（《汉书》卷八《宣帝纪》神爵元年）有材官；河东、上党（《汉书》卷三《高后纪》五年）、三辅（《汉书》卷六《武帝纪》征和元年）、金城、陇西、天水、安定、北地、上郡（《汉书》卷八《宣帝纪》神爵元年）有车骑；寻阳（《汉书》卷六四上《严助传》）、桂阳、豫章、零陵（《汉书》卷六《武帝纪》元鼎五年）、会稽（《汉书》卷六四上《朱买臣传》）、齐沿海地（《汉书》卷六《武帝纪》元封二年）有楼船。

中国虽受了这样大的侮辱，吕后虽然怒不可遏，终不敢向匈奴发兵，只得婉词谢绝冒顿开玩笑的请求：

> 单于不忘弊邑，赐之以书。弊邑恐惧，退日自图：年老气衰，发齿堕落，行步失度。单于过听，不足以自污。弊邑无罪，宜在见赦！窃有御车二乘，马二驷，以奉常驾。

冒顿还算是好汉，肯认错，回想自己向岳母求婚未免过于无聊，覆书向吕后谢罪。后来文、景二帝时中国虽照旧和亲并送重礼，仍不能防止匈奴屡屡寇边，焚杀劫掠。[①]

汉代最后一次壮丁的全部或大部被征发，只限于一个地方，就是七国乱时的吴国。吴王濞下令吴国：

> "寡人年六十二，身自将；少子年十四，亦为士卒先。诸年上与寡人比，下与少子等者，皆发。"发二十余万人。[②]

吴不只征发壮丁，连老幼的男子凡能勉强上阵的也都发

---

① 俱见《汉书》卷九四上《匈奴传上》。
② 《史记》卷一〇六《吴王濞传》。下面吴王告诸侯书又说吴国中有精兵五十万，恐怕是夸大其词的吹嘘。二十万是实数。

出。除吴外，七国中楚最强，但史籍中没有楚国兵额的记载。这里所谓吴、楚二国就是战国末期楚国的地方，也是秦末唯一兵强的区域。楚汉之争时项羽就是以此地为根据地，并且由垓下楚歌的故事可知项王的士兵大部都是楚人。七国之乱是旧日楚地武力充实的最后表现，以后就长久的寂寞无闻。天下也不再有征发全体男子当兵的现象。

六、汉武帝

到汉武帝时（西前140至前87年），兵制上各种不健全的办法都发展成熟；所以武功虽盛，却是建在不稳固的基础之上。因为一般人不肯当兵，[①]武帝就开始正式募兵。旧日戍边的制度在人心涣散的局面下极难维持，于是屯田的制度成立。募兵与屯兵仍有时感到不足用，就大批地发囚徒，甚至雇用外族人当兵。一方面由于汉初六十年的养息，一方面由于武帝能牢笼人才，在种种的畸形发展下中国历史上居然有空前绝后纯汉族的大帝国出现。

汉初中央有南北军。关于南北军的组织与统制，《汉书》中没有清楚的记载。南北军有多少兵也不可考。在理论上南北军或者是由郡国的人民轮流番上，但实际上恐怕终身当兵的人必定不少。南北军的兵额不见得很大，只够维持京师的

---

① 武帝向西南夷发展，要征发巴蜀的人，许多人宁可自杀而死，也不愿应征！这或者是极端的例，但也可见出当时的空气。见《汉书》卷五七下《司马相如传下·喻巴蜀檄》。

治安；国家需用大军时，多半要靠郡国临时调发。这种办法或者可以维持苟安的局面，但若想彻底解决边疆的问题，非另辟途径不可。武帝看到这一点，所以即位后就召募精兵维护京师。第一种称期门，次一等的称羽林。[①]至于期门羽林从此就代替了当初的南北军，或与南北军并立，或与南北军混合，都不可知。最少由武帝以下南军的名称未再提及，似乎期门、羽林是代替了南军。武帝所选的都是关西六郡（陇西、天水、安定、北地、上郡、西河）的良家子，从此六郡多出名将。[②]期门、羽林专选强健武勇的子弟。例如元帝时甘延寿是北地人，善骑射，为羽林，后升为期门，屡次有功，至于封侯。[③]这虽是较晚的例，甘延寿却是一个典型的六郡子弟，是以当兵为职业而起家的。

北军的名称武帝以下仍旧，但性质也与以前不同。武帝设置了八校尉：

（一）中垒校尉，掌北军垒门内，外掌西域；

（二）屯骑校尉，掌骑士；

（三）步兵校尉，掌上林苑门屯兵；

（四）越骑校尉，掌越骑；

---

① 《汉书》卷一九上《百官公卿表上》。

② 《汉书》卷二八下《地理志下》。当然皇帝的鼓励提倡并不是六郡以及整个的西北多出名将的唯一原因，也不见得是最重要的原因。普遍在安逸地带的人尚文，甚至文弱；在危险地带的人尚武，甚至粗鲁。汉代外患在西北，西北多出名将是很自然的事。

③ 《汉书》卷七〇《甘延寿传》。

069

（五）长水校尉，掌长水，宣曲胡骑；

（六）胡骑校尉，掌池阳胡骑；

（七）射声校尉，掌待诏射声士；

（八）虎贲校尉，掌轻车。[①]

北军的名义虽仍存在，但已被新设的中垒校尉所并。七校统称北军，由中垒校尉总管。中垒校尉同时又掌管西域，所谓北军已不是专卫京师的禁军。至于这七支军队的组成方法，三支外族兵当然是由胡越的降人充当；其他四军的士兵如何召来虽不可考，但由期门羽林的例与当时人民不肯当兵的风气来看，一定是由召募而来，或者也多是六郡的子弟。这是汉武帝时第一种新的兵力。

汉初戍边的人以一年为期。但这种办法并不妥当，文帝时晁错已见到此点。胡人游牧为生，往来不定，乘虚入寇，边兵防不胜防。中央或邻地发大兵来援，胡寇早已不知去向。所以边兵费的粮饷虽多，效力却微乎其微。戍兵屯边一年，对边情方才熟习，就又调回，新来的兵仍是生手。况且戍边本是苦事，内地人多不愿去。晁错见到这种种困难，于是想出屯田的方法，专用囚犯与奴婢，不足用时再以厚利高爵招致良民。这些边兵兼营农业，可省去国家一大笔军费；都终

————————

[①] 《汉书》卷一九上《百官公卿表上》。所谓八校尉实际只领有七支军队，因为中垒校尉是总领一切的人，并不是一军的校尉。所以《汉书》卷二三《刑法志》说："至武帝，平百粤，内增七校。"晋灼注认为胡骑不常置，所以称七校，恐怕不妥。七校统称为北军。

身甚至世世代代守边，对边情必定熟习，防御边寇的效率必高。文帝听信了晁错的话，开始在边境屯田。[①]但大规模的屯田到武帝时才实行。元狩二年（西前121年）在西北置武威、酒泉二郡，元鼎六年（西前111年）又分两郡地，加置张掖、敦煌二郡，徙民六十万为屯田。[②]元狩四年（西前119年）卫青、霍去病大败匈奴，漠南空虚，自朔方以至令居（甘肃永登）屯田五六万人。开发西域以后，由敦煌至盐泽（吐鲁番西南）又随地置屯亭，远至轮台渠犁（迪化[③]以南）之地都有田卒数百人，有使者校尉负责维持，一方面为汉在西北的驻防军，一方面又可接济中国遣往西域的使臣。[④]总理西北屯田事务的并有屯田校尉。屯兵是武帝时第二种军力。

武帝时第三种重要的军士就是外国兵。[⑤]胡越骑上面已经提到。此外尚有属国骑，是匈奴兵。元狩二年，匈奴昆邪王杀休屠王，带四万人来降，武帝划降地为武威、酒泉郡，并置五属国使匈奴降人居住。[⑥]五属国并不设在原地。昆邪王的旧地置为二郡，后又析为四郡，由汉人屯田，渐渐汉化。属国都设在后方，为的是便于控制。五属国就是天水郡的勇士县、安定郡的三水县、上郡的龟兹县、西河郡的美稷县、五

---

① 《汉书》卷四九《晁错传》。
② 《汉书》卷六《武帝纪》，卷二四下《食货志下》。
③ 乌鲁木齐旧称。——编辑注
④ 《汉书》卷九四上《匈奴传上》，卷九六上《西域传序》。
⑤ 晁错在文帝时已经提议以夷制夷，用降胡当兵。但文帝似乎没有采纳。见《汉书》卷四九《晁错传》。
⑥ 《汉书》卷六《武帝纪》。

原郡的蒲泽县，每属国都有皇帝派的属国都尉治理。[①]这些地方都在匈奴旧地的河南（河套）与河南以南的地带，都是原来的汉地或已经汉化的地方。

武帝时第四种军力就是囚徒。发囚徒为兵并不始于武帝。秦二世二年（西前208年）陈胜势力膨胀，二世一时来不及调动大军，于是就赦宥骊山修治始皇陵寝的囚徒，由章邯率领去攻陈胜。这是中国历史上第一次用囚徒为兵的例。但这是临时不得已的办法，后来继续发兵，所以章邯部下的主体仍是正式的军队。[②]第二次用囚徒，似乎是在汉高帝十一年（西前196年）英布反时。北军三万人与关中巴蜀的材官只足保护关中，不敢出发远方；汉统一天下不过六七年，对国本重地不敢不慎重。高帝不得已，于是"赦天下死罪以下，皆令从军"[③]，才把英布打败。这次也是临时救急的措置。此后八十年间，国家似乎没有再采用这种办法。[④]到武帝大规模向四方发展时，发囚徒才成了固定的政策。详情容待下面再讲。

由上述的情形我们可得一个结论，就是兵与民隔离的局

---

① 《汉书》卷二八下《地理志下》。此外中央又有典属国，或者是属国都尉的上司。据《汉书·百官公卿表上》，典属国是"秦官，掌蛮夷降者"。但秦时似乎没有将降人处在内地的事，典属国的责任恐怕是管理秦所征服的蛮夷土地与人民，并不像汉代的掌理迁处内地的蛮夷。

② 《史记》卷六《秦始皇本纪》。

③ 《汉书》卷一下《高帝纪下》。

④ 武帝元鼎五年（西前112年）才又发囚徒,离高帝十一年有八十四年的工夫。

面已经非常明显。募兵是少数或因喜好冒险、或因受厚赏的诱惑，才入伍的人，是一种职业兵。屯兵有的出于强迫（囚徒），有的出于自愿，但到边疆之后就成了永久固定的边军，也是一种职业兵。胡越骑与属国骑是国家雇用的外族，更是以当兵为职业的。囚徒不是职业兵，乃是国家无办法时强迫入伍的，但一经入伍之后恐怕也就成了终身的职业。汉武帝虽然也发郡国的民兵，但这四种职业兵的地位比民兵的地位日趋重要。这四种兵，从兵的身份上说，都不是直接由民间产生的，大半都是民间的流浪分子，甚至外族的浪人。他们既不直接出于民间，与一般的人民自然没有多少情感上的联系。对于国家他们也很难说有多大的忠心，不过皇帝养他们，他们替皇帝卖死就是了。一般的民众处在大致安定的大帝国之内，渐渐都不知兵。这些既不肯卫国又不能自卫的顺民难免要遭流浪集团的军人的轻视。由轻视到侮辱，是很短很自然的一步。同时因为军人多是浪人，所以很容易遭一般清白自守的良民的轻视。不过这种轻视没有武力做后盾，不能直接侮辱军人，只能在言语上诋毁。"好铁不打钉，好汉不当兵"的俗语不知起于何时，但这种鄙视军人的心理一定是由汉时开始发生的。

由春秋时代到汉代的发展经过，总括一句，先是军民不分，后来军民分立，最后军民对立。军民对立之下的军队最难驾御。除粮饷充足外，将才是必不可少的条件。当然任何的军队都需要有才的人率领。但真正的民兵，即或主将不得人，顶多也不过是打败仗，决不至直接祸国殃民。流浪军却非有才将率领不可，否则不止要战败辱国，并且要行动如土匪，甚至公开地变成土匪。汉武帝的伟大时代就建设在这种军力之上。武帝个人缺点虽多，却是认识人才、善用人才的明主。他能从社会各阶级中找出有才的人，并且能尽量用这些人才。我们可将武帝一代的战争列一个表，就可看出他的武功的经纬：[①]

年	对象	兵	将	结果
建元三年 西前138年	攻闽越，救东瓯	会稽兵	严助（会稽人，家贫，举贤良）	闽越逃走
建元六年 西前135年	攻闽越，救南越		王恢 韩安国 （梁成安人）	闽越人杀其王郢而降
元光六年 西前129年	攻匈奴	四万骑	卫青（私生子，生父为小吏，归生父收养） 公孙敖（北地义渠人） 公孙贺（北地义渠人，祖父守陇西） 李广（陇西良家子，秦将李信后裔，善射）	卫青胜，首虏七百级 公孙敖败，失七千级 公孙贺无攻 李广被虏，逃归
元朔元年 西前128年	攻匈奴	三万骑	卫青（见上） 李息（北地人）	首虏数千级，降人二十八万，设苍海郡（三年罢）

---

① 《汉书》卷六《武帝纪》，卷五四《李广苏建传》，卷五五《卫青霍去病传》，卷六一《张骞李广利传》，卷九七上《孝武李夫人传》，卷六四上《严助传》，卷六六《公孙贺传》，卷九〇《王温舒传》《杨仆传》，卷九四上《匈奴传上》，卷九五《西南夷两粤朝鲜传》，卷九六《西域传》。

续表

年	对象	兵	将	结果
元朔二年 西前127年	攻匈奴		卫青(见上) 李息(见上)	首虏二千三百,俘三千人,畜百余万,收河南地置朔方郡、五原郡
元朔五年 西前124年	攻匈奴	十余万,多为车骑	卫青(见上) 李息(见上) 公孙贺(见上) 张次公(河东人) 苏建(杜陵人) 李蔡(李广从弟) 李沮(云中人)	俘虏万五千人,畜百万
元朔六年春 西前123年	攻匈奴	十余万骑	卫青(见上) 公孙敖(见上) 公孙贺(见上) 苏建(见上) 李广(见上) 李沮(见上) 赵信(降汉之匈奴小王)	虏三千级
元朔六年夏 西前123年	攻匈奴	十余万骑	卫青(见上) 六将军(同前)	卫青大胜,首虏万九千级;李广无功,亡军,独身逃还;赵信败,降匈奴
元狩二年春 西前121年	攻匈奴	万骑	霍去病(卫青姊私生子)	斩首九千级

075

续表

年	对象	兵	将	结果
元狩二年夏 西前121年	攻匈奴		霍去病(见上) 公孙敖(见上)	霍去病大捷,斩首三万余,降人二千五百;公孙敖失道
元狩二年夏 西前121年	攻匈奴	万四千骑	张骞(汉中人) 李广(见上)	张骞后期;李广杀三千人,但全军覆没逃归
元狩四年 西前119年	攻匈奴	十万骑,人民乐从者四万骑,步卒数十万(内有乐从者)	卫青(见上) 霍去病(见上) 公孙敖(见上) 李广(见上) 赵食其(冯翊人)	卫青至漠北,围单于,斩首万九千; 霍去病与左贤王战,斩首俘虏共七万级,漠南空虚; 汉军死者数万,马十四万,所余不满三万; 李广后期自杀; 赵食其后期赎死

续表

年	对象	兵	将	结果
元鼎五年 西前112年	攻南越及西南夷	天下罪囚，江淮以南楼船，夜郎兵，巴蜀罪人共十万余人	路博德(西河平州人) 杨仆(宜阳人) 越侯严(越降人) 甲(越降人) 越侯遗(越降人)	南越及西南夷皆平，置郡县
元鼎六年 西前111年	攻西羌	陇西、天水、安定骑士，中尉卒，河南河内卒共十万人	李息(见上) 徐自为	平西羌
元鼎六年 西前111年	攻东越	楼船，步卒	韩说(韩王信后，武帝幸臣) 王温舒(阳陵人，少时为盗) 杨仆(见上)	东越降，迁其民江淮间，东越遂虚
元鼎六年 西前111年	攻匈奴	二万五千余骑	公孙贺(见上) 赵破奴(太原人，曾居胡中)	出塞二千余里，不见虏而还，遂分置西北四郡，徙民实边
元封元年 西前110年	攻匈奴	十八万骑	御驾亲征	匈奴匿漠北，不敢战
元封二年 西前109年	攻朝鲜	募天下死罪	杨仆(见上) 荀彘(太原广武人)	朝鲜人斩其王降，以其地为郡县；杨仆失亡多，免为庶人；荀彘争功弃市

中国文化与中国的兵

续表

年	对象	兵	将	结果
元封二年 西前109年	平西南夷未服者	巴蜀兵	郭昌(云中人) 卫广	平定其地,以为益州郡
元封六年 西前105年	益州、昆明反,发兵征讨	赦京师亡命	郭昌(见上)	?
太初元年 西前104年	征大宛	发天下谪民恶少年十万左右,属国骑六千	李广利(倡家子)	斩大宛王首,得善马三千;丧师十之八九,至大宛只余三万人,还军时只万人
太初二年 西前103年	伐匈奴	二万骑	赵破奴(见上)	赵破奴被掳,全军覆没
天汉二年 西前99年	伐匈奴	三万骑,五千步卒	李广利(见上) 公孙敖(见上) 李陵(广孙,善骑射)	李广利斩首万级,汉兵死约二万;李陵只率步卒五千,杀匈奴万人,最后战败降匈奴,只四百人逃归汉
天汉四年 西前97年	伐匈奴	骑六万,步卒七万皆天下流民及勇敢士	李广利(见上)	战皆不利而还

078

续表

年	对象	兵	将	结果
		骑一万，步卒三万	公孙敖（见上）	
		步卒三万	韩说（见上）	
		步卒一万	路博德（见上）	
征和三年西前90年	伐匈奴	骑七万	李广利（见上）	李广利战败，降匈奴；商丘成无所见而还；马通多斩首
		三万	商丘成	
		骑四万	马通	

武帝在位五十四年间（西前140至前87年）前后共大小二十五次对外的战争，可由上表得一个大概的印象。有几点特别可以注意：

（一）匈奴是外患中最严重的；二十五次战争中有十五次是对待匈奴。

（二）关于兵的数目与种类，数目几乎都有记载，种类可惜多半只记"骑""楼船"等，对于兵的来源没有说明。元狩四年，卫青、霍去病大伐匈奴时，军队中有人民自告奋勇代军士运粮的人。这些人虽不见得都是无赖，但社会上的流浪分子一定占重要的地位。元鼎五年攻南越与西南夷时，除江淮以南的楼船外，又发罪囚与夜郎兵。这是武帝第一次大规模用囚犯与外国兵的例。元封二年攻朝鲜所用的都是天下死罪的人。元封六年伐昆明，所用的是长安的亡命。太初元年伐大宛，所用的是天下的谪民与恶少年及属国骑。天汉四年

079

大伐匈奴，所用的军队一部分是谪徒与自告奋勇的勇敢士。总之，二十五次战争中最少有六次是一部或全部用的囚徒、流民、恶少年、乐从的流浪人或外族人。此外有三次清清楚楚地讲明所用的是正常的军队：建元三年救东瓯，发会稽兵，意思大概是指会稽的楼船；元鼎六年攻西羌，用的是陇西、天水、安定的骑士，河南河内的步卒，与京师中尉所领的步卒；元封二年平西南夷，用的是巴蜀地方的军队。其余十六次军役所用的到底是什么兵我们无从知道。假定都是中央或地方的正式军队，二十五次中有六次（百分之二十四）用的是非常的军队，仍是一件深可玩味的事。尤其像伐大宛用兵数十万，除少数的属国骑外，都是谪民与恶少年，可见中央与地方的正式军队不足用或不可用到如何的程度。兵制破裂的情形，没有比这个再清楚的了。

（三）将军的出身高低不齐。有的是良家子或古代名将的后裔。有少数甚至是文人出身。但也有来历极不高明的，如倡家子、私生子、强盗之类。又有的是胡越投降的小头目。天下一统之后人才的需要较列国并立时并不减少。有才就可擢用，尊崇无比的皇帝并不计较臣子的出身。并且因为尚武的风气日衰，将才很感缺乏，使皇帝要计较出身也办不到。

（四）战争的结果大半靠将才。卫青与霍去病二人从未打过败仗，每次都是大胜。李广利个人虽武艺高强，将才甚为平庸，所以总是打败，或需重大的代价才能求得小小的胜利，如伐大宛的一次。这也是兵制破裂的间接证据。当时的边族无论人力、财力都远在中国之下。文帝时，中国投降匈奴的中行说劝诫单于说：

> 匈奴人众不能当汉之一郡。然所以强者，以衣食异，无仰于汉也。今单于变俗，好汉物，汉物不过什二，则匈奴尽归于汉矣！①

这种小小的胡人，在战国分立时赵或燕能毫无困难地单独应付。战国时中国内部互相攻伐，战败的将很多，像赵括一类的笨将也不少。但汉时成为大患的匈奴对燕赵并不是严重的问题。当然到汉时匈奴方才组成一个坚固的帝国，战国时匈奴内部仍然分裂。但匈奴分裂时中国也分裂，中国与匈奴的统一也同时实现。所以匈奴统一虽或是中国感到威胁的一个原因，但决不是最重要的原因。唯一可能的结论，就是战国时代的兵可用，汉时的兵不可用，只有遇到才将率领时才能打胜仗。这是军队由流浪分子组成的当然结果。汉武帝时代武功的伟大是显然的，是人人能看到的。但若把内幕揭穿，我们就知道这个伟大时代是建筑在极不健全的基础之上。

---

① 《史记》卷一一〇《匈奴传》。

七、武帝以后——光武中兴

武帝后兵制的发展，一日千里的顺序退步。例如屯兵的制度仍旧，并且范围日广。宣帝时（西前73至前49年）为防止西羌内侵，用赵充国的计策，大量地在西北屯田。[①]然而边疆的屯兵第一代或者还是兵，第二代以下就有变成边地农民的危险，对当兵并无特别的热心。宣帝五凤三年（西前55年）匈奴因内部分裂而投降之后[②]，边疆的大患消灭，所谓屯田更是有名无实。宣帝以下又屡次在西域屯兵。[③]匈奴投降之后，本就不强的西域更不敢轻于为乱，所以中国略为屯兵就可维持西域的秩序，并非所屯的兵真正强盛。

武帝以后外族在中国军队中的地位日愈提高。昭帝时（西前86至前74年）开始用羌人。据《后汉书》，景帝时已有羌人投降中国，迁入边地。[④]但这个说法不知是否可靠，《史记》与《汉书》中都没有记载。昭帝时所用的羌人也不知道来源。昭帝始元元年（西前86年）益州反，中国用羌人助战平乱。[⑤]推想起来，这大概是武帝威震西北以后投降中国的羌人。神爵元年（西前61年），西羌反，宣帝所发的兵各色都

---

① 《汉书》卷六九《赵充国传》。
② 《汉书》卷八《宣帝纪》，卷九四下《匈奴传下》。
③ 《汉书》卷九六《西域传》。
④ 《后汉书》卷一一七《西羌传》。
⑤ 《汉书》卷七《昭帝纪》元凤四年诏："度辽将军明友前以羌骑校尉将羌王侯君长以下，击益州反虏。"

082

有——囚徒、羽林、材官、骑士、胡越骑，此外并有羌骑。次年平服羌人之后，降羌很多，于是就设置了金城属国。[1]前此的降羌大概较少，此次有大批的人投降，才加置了一个羌族的属国。五凤三年呼韩邪单于率匈奴来降，又设置了西河、北地两属国，仍在河套与河套以南的地方。所以河套一带虽由秦汉两次征服并移民，但胡人的势力始终未曾完全消灭。

囚徒与恶少年的军队昭、宣二帝时也屡次征发，[2]并又时常临时募兵。[3]至于像武帝时调发正式军队的例，现在极其少见。西南夷与两粤平定之后，楼船似乎无形间废弃不用。其余三种正式军队一共只发过两次，并且都在宣帝一朝。本始二年（西前72年）发关东的轻车与步卒去帮助乌孙攻打匈奴。神爵元年西羌反时，一方面发三河、颍川、沛郡、淮阳、汝南的材官，一方面又发金城、陇西、天水、安定、北地、上郡的骑士。[4]这种情形证明地方的兵一天比一天地不可用，所以国家非万不得已时不去征发。愈不征发，兵愈不可用。在这种恶劣的循环关系之下，由战国时代遗留下来的征兵制的痕迹就无形间消灭净尽。

到王莽时所用的就只有募兵、囚犯与外族兵，旧日正式的军队已经绝迹。例如始建国二年（西元10年）伐匈奴，"募

---

① 《汉书》卷八《宣帝纪》。
② 《汉书》卷七《昭帝纪》元凤元年、五年、六年；卷八《宣帝纪》神爵元年。
③ 《汉书》卷七《昭帝纪》始元元年，卷八《宣帝纪》神爵元年，卷一二《平帝纪》元始二年，卷七九《冯奉世传》元帝永元二年"发募士万人"击羌。
④ 《汉书》卷八《宣帝纪》。

天下囚徒丁男甲卒三十万人"，又发高句骊的兵，但高句骊不肯奉诏。①此时适逢天灾流行，各地盗贼蜂起，最著名的是临淮的瓜田仪、琅琊女匪吕母与樊崇所率领由琅琊起事的赤眉贼，都于天凤四五年间（西元17至18年）发动。王莽在这种情形下，于天凤六年仍要大伐匈奴，所用的仍是"天下丁男及死罪囚吏民奴"。这种军队王莽大概也觉得不足用，于是"又博募有奇技术可以攻匈奴者，将待以不次之位。言便宜者以万数：或言能度水不用舟楫，连马接骑济百万师；或言不持斗粮，服食药物，三军不饥；或言能飞，一日千里，可窥匈奴。莽辄试之，取大鸟翮为两翼，头与身皆著毛，通引环纽，飞数百步，堕！莽知其不可用，苟欲获其名，皆拜为理军，赐以车马，待发"②。

想用法术一类的把戏去打仗，这是一个兵力堕落不堪的社会才会发生的事。一个真正尚武的民族绝不屑于享受这些幼稚的幻想。后来闹到三辅之地也"盗贼麻起"，遣兵捕剿，"军师放纵，百姓重困"③。现在已到了兵匪不分的时代，这是军民分立最后的当然结果。兵的行动与匪无异，无告的人民不得已也多起来为匪。④一个社会发展到这个阶段之后，

————————

① 《汉书》卷九九中《王莽传中》。
② 《汉书》卷九九下《王莽传下》。
③ 《汉书》卷九九下《王莽传下》。
④ 王莽时起事的人都是流民土匪出身。除赤眉等以外，如刘玄等人也都不过是土匪头目。见《后汉书》卷四一《刘玄刘盆子传》，卷四三《隗嚣、公孙述传》。此外甚至有人利用西北属国的羌胡起兵。见《后汉书》卷四二《卢芳传》。

兵事可说是到了不可救药的地步，任何理论上可通的方法都不能根本改善这种病态。

我们明白这种情形，对光武帝废除郡国兵的政策就不致认为难解。建武七年（西元31年）诏：

> 今国有众军，并多精勇。宜且罢轻车、骑士、材官、楼船、士及军假吏，令还复民伍。[①]

地方兵现在已全不可用。太平时代，一般所谓好人都不肯当兵；天下一旦混乱，少数流氓与多数饥民就成为土匪，只能扰乱社会秩序，并不能卫国卫民。这些土匪往往打着军队的旗号，但旗号是不能掩盖实际的。只有善将兵的人经过相当时期的训练，才能造出一支真会打仗的军队。诏书中所谓"国有众军，并多精勇"，并非一句空话。光武起事时所领的虽也不过是些流氓与饥民，但经过十年左右的汗马生活，光武帝已锻炼出一个很大并且可用的军队。地方军反成了赘疣，在很多地方恐怕实际早已不存在，光武的诏书不过是承认一件既成的事实。隗嚣与公孙述是光武的两个大敌，在建武七年仍未平服，地方军若有丝毫的用处光武也决不会在此时一纸公文把它废掉。

[①] 《后汉书》卷一下《光武帝纪下》。

八、东汉

所以东汉只有中央军，没有地方军。中央军除宫廷的卫士外，北军的名称仍然存在，称北军五营或五校就是屯骑、越骑、步兵、长水、射声。每营有校尉一人，五军由北军中侯总领，就是武帝时的中垒校尉。武帝时七校的兵现在并为五校，胡骑并于长水，虎贲并于射声。①北军五营中最少有两营完全是外族人，其他三营中是否有四夷的人加入已不可考。据《后汉书》注引《汉官》，五营中有四营七百人，只有长水营多三十六人，为七百三十六人。所以胡越兵在北军中占五分之二以上的地位。北军平时宿卫京师，四方有事也往往被发。

第二种中央直辖的军队就是驻守要地的营伍：

> 光武中兴，以幽冀并州兵骑克定天下，故于黎阳立营，以谒者监之……扶风都尉部在雍县，以凉州近羌，数犯三辅，将兵卫护园陵，故俗称雍营。②

黎阳就是今日河南浚县，在洛阳东北，所驻的大概就是光武所谓"国有众军，并多精勇"的兵，恐怕是东汉初年中央军的主体。雍营护卫长安与西汉诸帝的园陵，兵数大概也

---

① 《后汉书》卷三七《百官志四》。
② 《后汉书》卷五三《窦宪传》注引《汉官仪》。

不少。可惜两营到底有多少兵，史籍没有记载。

中央第三种军队就是屯兵。缘边各郡都有屯田，明、章两代（西元58至88年）发囚徒到边疆屯田的事前后共有八次。①可见从前的屯兵都已变成边地的土著农民，已不堪当兵，只得再发囚徒去充实国防。明帝向王莽时丧失的西域方面活动，也恢复了屯田的事业。②同时又在金城一带屯兵，防备西羌。③

东汉也有属国兵，可算中央的第四种军队。东汉官制，有使匈奴中郎将一人，主护南单于；护乌桓校尉一人，主乌桓胡；护羌校尉一人，主西羌。④这三个都是专管边境属国的人。匈奴在王莽时反叛，大半又都逃出塞外，东汉初年屡次寇边。建武二十四年（西元48年）匈奴内部分裂为南北，南单于自称呼韩邪，又来投降，中国又把河套以及整个并州的地方交给降胡。南单于本人居西河，韩氏骨都侯屯北地，右贤王屯朔方，当于骨都侯屯五原，呼衍骨都侯屯云中，郎氏骨都侯屯定襄，左南将军屯雁门，栗籍骨都侯屯代郡。⑤

乌桓本是东北塞外（今热河南部）的东胡种，西汉时弱小，投降中国，代中国守边。王莽乱时与东汉初年屡次寇边。

---

① 《后汉书》卷二《明帝纪》永平元年、八年、九年、十六年、十七年；卷三《章帝纪》建初七年、元和元年、章和元年。

② 《后汉书》卷一一八《西域传》。

③ 《后汉书》卷一一七《西羌传》。

④ 《后汉书》卷三八《百官志五》。护乌桓校尉与护羌校尉西汉时已经设立，但西汉时羌兵与乌桓兵还不是中国不可少的兵力。

⑤ 《后汉书》卷一一九《南匈奴传》。

南匈奴投降的次年，建武二十五年（西元49年），乌桓见强大的匈奴投降，自己于是也要求入居中国，光武也就容许他们迁居幽州塞内，为中国的属国。①北军五营中长水一营的胡骑多半是乌桓人。②

西羌本是小族，在西汉时就在凉州边境与汉人杂居，时常反叛，中国总是用屯田的方法防御他们。建武九年（西元33年）光武设立护羌校尉，有事时可领降羌替中国打仗。③所以并州由匈奴代守，幽州由乌桓代守，凉州由西羌代守。此外又有些囚徒屯田各地，与外族人共同守边。整个的北边，由辽东到敦煌，都不用内地士大夫良家子与一般顺民去费力保护，中兴盛世的安逸人民大概认为这是又便宜又舒服的事！

总之，东汉只有中央直辖的军队，并且外族在这个军队中占很重要的地位。不过废地方兵并不是简单的事。最低的限度，地方的治安是须有人维持的。所以各郡的太守一定要召募些保安的地方兵。关于这件事，在中兴时代我们没有直接的证据。但东汉末年各地州牧太守纷纷割据，一定原来有兵。然而这都是地方官的私军，不受中央的调动。所以严格讲来，仍可说东汉只有中央军，没有地方兵。

由东汉向外用兵的情形就可知道当时兵的性质。明帝永

---

① 《后汉书》卷一二〇《乌桓传》。
② 《后汉书》卷三七《百官志四》注。
③ 《后汉书》卷一一七《西羌传》。

平十六年（西元73年）窦固伐北匈奴，这是东汉第一次并且是中兴盛世的向外大发动，所用的兵很可玩味：

> 固与忠（耿忠）率酒泉、敦煌、张掖甲卒及卢水羌胡万二千骑，出酒泉塞；耿秉秦彭率武威、陇西、天水募士及羌胡万骑，出居延塞；又太仆祭肜度辽将军吴棠将河东、北地、西河、羌胡及南单于兵万一千骑，出高阙塞；骑都尉来苗护乌桓校尉文穆将太原、雁门、代郡、上谷、渔阳、右北平、定襄郡兵及乌桓鲜卑万一千骑，出平城塞。①

这四支军队中都有外族兵，祭肜吴棠的一支完全是胡兵。后来窦固的从孙窦宪于和帝永元元年（西元89年）又大伐匈奴：

> 会南单于请兵北伐，乃拜宪车骑将军，金印紫绶，官属依司空，以执金吾耿秉为副，发北军五校、黎阳、雍营、缘边十二郡骑士，及羌胡兵出塞。明年，宪与秉各将四千骑及南匈奴左谷蠡王师子万骑出朔方鸡鹿塞；南单于屯屠河，将万余骑出满夷谷，度辽将军邓鸿及缘边义从羌胡八千骑，与左贤王安国万骑出捆阳塞，皆会

---

① 《后汉书》卷五三《窦固传》。

涿邪山。宪分遣副校尉阎盘、司马耿夔、耿谭将左谷蠡王师子、右呼衍王须訾等，精骑万余，与北单于战于稽落山，大破之。虏众崩溃，单于遁走。追击诸部，遂临私渠北鞮海，斩名王已下万三千级，获生口马、牛、羊、橐驼百余万头。于是温犊须、日逐、温吾、夫渠王柳鞮等八十一部率众降者，前后二十余万人。宪、秉遂登燕然山，去塞三千余里，刻石勒功，纪汉威德。①

这是东汉规模最大、影响最深的一次外征，解决了三百年来的匈奴问题，最少当时的人相信这个问题已经解决。但所用的兵大半是外族人，而实际败北单于的完全是南匈奴的兵。我们对东汉能驾御外族，以夷制夷的政策能收大功，不能不表示钦佩。但军队不是汉人的军队却也是不可掩蔽的严重事实。

除此次大败北匈奴外，东汉唯一的对外武功就是班超的平定西域。但班超当初所用的只有三十六个人，后来政府发给他的也不过一千多囚徒与义勇兵。班超之所以能制服西域，一方面靠他个人特殊的将才与超人的勇敢，一方面还是靠以夷制夷政策的大规模利用西域各国的军队互相攻击。②

这种专靠外族的办法极其危险。一旦外族不肯受利用，

---

① 《后汉书》卷五三《窦宪传》。
② 《后汉书》卷七七《班超传》。

或转过来向我反攻，自己就要束手无策。这件事后来的确实现，并且就在窦宪大破北匈奴后还不到二十年。东汉初期，西羌屡屡扰边。塞外的羌人想要向内地劫掠，塞内投降的羌人又常受地方官与边民的侵害，因而怨恨反叛。建武九年班彪上书：

> 今凉州部皆有降羌。羌胡被发左衽，而与汉人杂处；习俗既异，言语不通。数为小吏黠人所见侵夺，穷恚无聊，故致反叛。夫蛮夷寇乱皆为此也。①

西羌匈奴虽然强悍，但对中国国家与中国文化似乎十分景仰，对中国一般人民也无恶感。只要中国肯收容，他们就乐意移居塞内，为中国守边。由窦宪的攻破北匈奴可见他们也很诚恳地为中国卖力。但中兴以后政治日坏，地方官与豪右对这些异族的人不免侵夺、压迫，勉强他们服役。地方无知的人民恐怕也常推波助澜，因而时常引起叛变。待叛乱一起，地方官与边民又惶恐无措，敏捷地逃入内地，迟钝地束手待毙。最大最长的一次羌乱于安帝永初元年开始，直到灵帝建宁二年才算平服，前后乱了六十多年的工夫（西元107至169年）。羌乱的导火线很为简单。汉要发羌征西域，羌人不愿远屯，遂发兵反，出塞与塞外羌人联合，大乱于是开始。

---

① 《后汉书》卷一一七《西羌传》。

羌人在内地居住已久，多无兵器，只持用竹竿木枝为戈矛，用板案为盾，甚至手持铜镜为兵器。这种易兴的叛羌就足以把边官与边民的胆惊破，都不敢动。顺民已训顺到如何的程度，可想而知！中央派兵去剿，总是打败的时候多。边官多为内地人，不愿出死力守凉州，就上书勉强边民内徙逃难。领兵的人"多断盗牢廪，私自润入，皆以珍宝货赂左右。上下放纵，不恤军事，士卒不得其死者白骨相望于野"。羌人夺取了官军的兵器之后，势力更为浩大。这种种不堪设想的情形王符描写得最为活现。王符是西北安定临泾（今甘肃镇原县）人，恐怕他自己的亲友戚族就有受祸的人：

> 往者羌虏背叛，始自凉并，延及司隶，东祸赵魏，西钞蜀汉。五州残破，六郡削迹，周迴千里，野无孑遗；寇钞祸害，昼夜不止，百姓灭没，日月焦尽。而内郡之士不被殃者咸云："当且放纵，以待天时！"用意若此，岂人心也哉？前羌始反，公卿师尹咸欲捐弃凉州，却保三辅，朝廷不听。后羌遂侵，而论者多恨不从咸议。余窃笑之，所谓媾亦悔不媾亦有悔者尔，未始识变之理。地无边，无边亡国。是故失凉州则三辅为边，三辅内入则弘农为边，弘农内入则洛阳为边。推此以相况，虽尽东海犹有边也！……
>
> 前日诸郡皆据列城而拥大众……然皆不肯专心坚守，而反强驱其民捐弃仓库，背城邑走。由此观之，非苦城

乏粮也，但苦将不食尔！……

谚曰："痛不著身，言忍之；钱不出家，言与之！"假使公卿子弟有被羌祸朝夕切急如边民者，则竟言当诛羌矣！今苟以己无惨怛冤痛，故端坐相仍；又不明修御之备，陶陶间澹卧委天，听羌独往来深入多杀。己乃陆陆相将诣阙，谐辞礼谢退云状。会坐朝堂，则无忧国哀民恳恻之诚，苟转相顾望，莫肯违止。日宴时移，议无所定。已且须后少得小安，则恬然弃忘。旬时之间虏复为害，军书交驰，羽檄狎至，乃复怔忪如前。若此以来，出入九载……一人吁嗟，王道为亏，况百万之众号哭感天心乎？①

民众已不是战国时代人人能战的民众，士大夫更不是春秋时代出将入相的士大夫。军事情形的不堪可谓达到极点。羌乱方平，灵帝中平元年（西元184年）黄巾贼的乱事又起。这时虽是方经长期的羌乱，国家仍是忙得手足无措，军事毫无把握。"诏公卿出马弩，举列将子孙及吏民有明战阵之略者，诣公车。"②同时又"诏敕州郡修理攻守，简练器械"③。国家发了五校与三河的骑士（大概就是黎阳营）与召募的义

---

① 王符《潜夫论》卷五《救边篇》第二二。同卷《劝将篇》第二一、《边议篇》第二三、《实边篇》第二四也都论述羌祸与边事。
② 《后汉书》卷八《灵帝纪》。
③ 《后汉书》卷一〇一《皇甫嵩传》。

勇兵，靠皇甫嵩与朱俊的将才算是把乌合的黄巾贼捕灭。但两人（最少朱俊）似乎有"家兵"杂在国家的军队之内。各地的刺史太守都有私军，朱俊曾做过交阯刺史，这些"家兵"就是做刺史时所召的私军。国家现在只有羌胡兵与地方官的"家兵"可用，天下的大势显然已不可收拾。

黄巾贼的次年，中平二年（西元185年），汉阳贼边章韩遂与羌胡联合东侵三辅。皇甫嵩奉命讨贼，就请求发乌桓兵三千人。北军中侯邹靖认为乌桓太弱，应当往塞外去召募鲜卑。下公卿大臣讨论此事，两方面都有赞成与反对的人。反对用鲜卑的理由，就是从前征匈奴与西羌曾用过鲜卑，结果并不美满：

> 斩获丑虏既不足语，而鲜卑越溢，多为不法。裁以军令则忿戾作乱，制御小缓则陆掠残害。劫居人，钞商旅，噉人牛羊，略人兵马。得赏既多不肯去，复欲以物买铁。边将不听，便取缣帛聚欲烧之；边将恐怖，畏其反叛，辞谢抚顺，无敢拒违。

乌桓、鲜卑都不愿用，最后听了应劭的话，决定用陇西"守善不叛"的羌胡！[①]一统天下的公卿大臣公开承认用外兵要忍受外兵的跋扈，但说来说去总是逃不出召募外兵，对于

---

① 《后汉书》卷七八《应劭传》。

召用汉人始终无人提起一字。连方才平定黄巾威震天下的皇甫嵩也是一样。可见本国兵只能对付国内乌合的土匪，一牵涉到外族就非用其他的外族不可！

汉人现在并不是完全不会用兵器，但只有保护自己的家乡才肯出力，并且还必须有领袖指导。若无勇敢的领袖，即或家乡被扰，大家也都是驯羊。例如应劭不敢提议用汉人到边疆打仗，但他于献帝初平二年（西元191年）守太山，复起的黄巾贼入郡界，"劭纠率文武，连与贼战，前后斩首数千级，获生口老弱万余人，辎重二千两。贼皆退却，郡内以安"①。至于远离乡土去冒险，除非是荒年被迫为盗，没有人甘心去做。

列国并立时每国都是一个有机体的坚强体系，天下一统之后临时尚可勉强维持，但不久就成了一盘散沙，永未变成一个大的有机体。这样的民族是任何内部野心家或外来野心族的战利品，决难自立自主，自己的命运总不操在自己手里。董卓之乱（西元189至192年）将这种情形暴露无遗。董卓虽是汉人，手下所率领的兵最少一部分是羌胡：

> 是时洛中贵戚室第相望，金帛财产家家殷积。卓纵放兵士突其庐舍，淫略妇女，剽虏资物，谓之搜牢。人情崩恐，不保朝夕。及何后葬，开文陵，卓悉取藏

---

① 《后汉书》卷七八《应劭传》。

中珍物。又奸乱公主，妻略宫人。虐刑滥罚，睚眦必死，群僚内外莫能自固。卓尝遣军至阳城，时人会于社下，悉令就斩之，驾其车重，载其妇女，以头系车辕，歌呼而还。……

于是尽徙洛阳人数百万口于长安，步骑驱蹙，更相蹈藉，饥饿寇掠，积尸盈路。卓自屯留毕圭苑中，悉烧宫庙官府居家，二百里内无复孑遗。又使吕布发诸帝陵及公卿已下冢墓，收其珍宝。①

迁都长安之后，长安又遭李傕、郭汜之乱，受祸不亚于洛阳。车驾于是又迁回东都：

自此长安城中尽空，并皆四散，二三年间关中无复行人。建安元年车驾至洛阳，宫阙荡涤，百官披荆棘而居焉。州郡各拥强兵，而委输不至。尚书郎官自出采梠，或不能自反，死于墟巷。②

董卓以后各地的太守、刺史都扩大私军，割据自雄。实际上五胡乱华的局面已经成熟。中国社会已经崩溃，只有边地的属国还有组织，同时又勇敢善战。布满幽、并、凉三州

———————————

① 《后汉书》卷一〇二《董卓传》。
② 《晋书》卷二六《食货志》。

的外族很可向南移动，占据中国。恰巧当时中国出来几个特殊的人才，把这种厄运又暂缓了一百年的工夫。所谓三国时代，由这个观点来看，可说是曹操、司马懿几个善练兵、善将兵又有政治谋略的人重新组织散漫的中国以便抵抗外族的时代。曹操曾大破乌桓，并分散并州匈奴的势力，[①]可见他明了这个问题的严重性。但外族的势力根深蒂固，无从斩除；中国内部的病势过于沉重，难以根治。几个特殊人才死后不久，中原终于成了汉代那些属国的属国。

九、后言——汉末至最近

汉代的问题实际是中国的永久问题，东汉以下兵的问题总未解决。只有隋及盛唐承袭北朝外族的制度，百余年间曾实行半征兵的府兵制，这也是汉以后中国自治的唯一盛强时代。二千年来的情形，骨子里都与东汉一样。东晋以下中原陷于外族将近三百年。隋唐的盛期过去之后，由天宝到五代的二百年间是外族第二次扰乱中国的时代。中国常雇用外兵，外族也常擅自行动。宋虽名为统一，中国本部东北的燕云与西北的河西总未收复，每年与契丹西夏纳贡才得苟安。宋的军队中也有番兵，不过地位不像汉唐时那样重要。后来终于不能自保，中原又丧于女真，最后整个的中国亡于蒙古。明代算是把中国本部完全统一，但只有太祖、成祖的极短期间有应付外敌的能力。

---

① 《三国志·魏志》卷三〇《乌丸传》；《晋书》卷九七《北狄传》。

此后二百余年间几乎时时刻刻在勉强支持着应付外侮的进袭。受日本的一度威胁之后，不久就亡于满洲。道光以下满汉并衰，中国又感到有被西洋吞并的危险。自己的力量不足，清末以下就又借外力，不过方式随着时代略有变化。现在借的不是外兵，而是外国的军器军火与军事顾问。正如历代靠番兵不足抵抗外番，西洋的军器军火与军事顾问也不足以抵抗西洋或彻底西洋化的国家。二千年来中国总是一部或全部受外族统治，或苟且自主而须忍受深厚的外侮；完全自立又能抵抗外族甚至能克服外族乃是极少见的例外。这种长期积弱局面的原因或者很复杂，但最少由外表看来东汉以下永未解决的兵的问题是主要的原因。①人类历史上的政治集团，无论大小，不为刀俎，必为鱼肉；若要两种都不做，是办不到的事。东汉以下的中国不能做刀俎，当然也不愿做鱼肉；但实际大半的时候总是任人宰割。

---

① 并且大家一向都安于这种堕落的局面，并不觉得这是一个需要解决的问题。只有王安石曾认清这个问题，并提出适当的解决方法。在《上仁宗皇帝言事书》(俗称《万言书》)中，他认为只有叫良民当兵，尤其是一般所谓士大夫都人人知兵、人人当兵，才能使中国自立自主。只就这一点来看，王安石已是二千年间特出的奇才。可惜王安石一类的积极人才在传统的中国决无成功的机会。一般的说来，文武兼备的人有比较坦白光明的人格，兼文武的社会也是坦白光明的社会。这是武德的特征。中国二千年来社会上下各方面的卑鄙黑暗恐怕都是畸形发展的文德的产物。偏重文德使人文弱，文弱的个人与文弱的社会难以有坦白光明的风度，只知使用心计；虚伪、欺诈、不彻底的空气支配一切，使一切都无办法。中国兵制的破裂与整个文化的不健全其实是同一件事。在这种病态的社会，王安石一流的人物生前必定失败，死后必留骂名。

中国的家族

（一）春秋以上

（二）战国

（三）秦汉以下

（四）结论

中国的大家族制度曾经过一个极盛、转衰与复兴的变化；这个变化与整个政治社会的发展又有密切的关系。春秋以上是大家族最盛的时期，战国时代渐渐衰微。汉代把已衰的古制又重新恢复，此后一直维持了二千年。

关于春秋以上的家族制度，前人考定甚详，[①]本文不再多论，只略述几句作为全文的背景而已。战国以下的发展，一向少人注意，是本文所特别要提出讨论的。

---

① 关于宗法制度，《礼记》多有记载，《大传》一篇最详。万斯大的《宗法论》八篇解释最好。大家族的实际情形，散见于《左传》《国语》。顾栋高的《春秋大事表》研究最精。近人孙曜的《春秋时代之世族》总论宗法与家族，可供参考。

一、春秋以上

春秋时代大家族制度仍然盛行，由《左传》《国语》中看得很清楚。并且大家族有固定的组织法则，称为宗法。士族有功受封或得官后，即自立一家，称"别子"。他的嫡长子为"大宗"，称"宗子"；历代相传，嫡长一系皆为大宗，皆称宗子。宗子的兄弟为"支子"，各成一"小宗"。小宗例须听命于大宗，只大宗承继土田或爵位；族人无能为生时，可靠大宗养赡。但除大宗"百世不迁"外，其他一切小宗都是五世而迁，不复有服丧与祭祀的责任。"迁"就是迁庙。

宗法的大家族是维持封建制度下贵族阶级地位的一种方法。封建破裂，此制当然也就难以独存。所以一到战国，各国贵族推翻，宗法也就随着消灭，连大家族也根本动摇了。贵族消灭的情形，因春秋、战国之际的一百年间史料缺乏，不能详考。但大概的趋向却很清楚。各国经过一番变动之后，无论换一个或几个新的朝代（如齐、晋），或旧朝代仍继续维持，旧日与君主并立的世卿以及一般士族的特权已都被推翻。各国都成了统一专制的国家。春秋时代仍然残余的一点封建制度，至此全部消灭了。

至于平民的情形，可惜无从考知。但以历史上一般的趋势而论，平民总是想方设法追随贵族的。所以春秋以上的平民，虽不见得行复杂的宗法制，但也必在较大的家族团体中生活。

春秋以上的大族不只是社会的细胞与经济的集团，并且也是政治的机体。各国虽都具有统一国家的形态，但每一个大族可说是国家内的小国家。晋、齐两国的世卿最后得以篡位，根本原因就在此点。

经过春秋末战国初的变革之后，家族只是社会的细胞与经济的集团，政治机体的地位已完全丧失。至此专制君主所代表的国家可随意支配家族的命运了。

二、战国

据今日所知，战国时代最有系统地统制家族生活的就是秦国。商鞅变法：

> 令民为什伍，而相收司连坐。不告奸者腰斩，告奸者与斩敌首同赏，匿奸者与降敌同罚。民有二男以上不分异者，倍其赋。有军功者各以率受上爵，为私斗者各以轻重被刑。[1]

商鞅的政策可分析为两点。第一，是废大家族。所以二男以上必须分异，否则每人都要加倍纳赋。第二，是公民训练。在大家族制度之下，家族观念太重，国家观念太轻，因为每族本身几乎都是一个小国家。现在集权一身的国君

---

[1] 《史记》卷六八《商君列传》。

要使每人都直接与国家发生关系，所以就打破大家族，提倡小家庭生活，使全国每个壮丁都完全独立，不再有大家族把他与国家隔离。家族意识削弱，国家意识提高，征兵的制度才能实行，国家的组织才能强化。商鞅的目的十分明显。什伍连坐是个人向国家负责。告奸也是公民训练。禁止私斗，提倡公战，更是对国家有利的政策，家族间的械斗从此大概停止了。

商鞅的政策完全成功，

> 行之十年，秦民大说。道不拾遗，山无盗贼。家给人足。民勇于公战，怯于私斗。乡邑大治。①

汉初贾谊不很同情的描写，尤为活现：

> 商君违礼义，弃伦理，并心于进取。行之三岁，秦俗日败。秦人有子，家富子壮则出分，家贫子壮则出赘。假父耰锄杖彗耳，虑有德色矣。母取瓢椀箕帚，虑立讯语。抱哺其子，与公并踞。妇姑不相说，则反唇而睨。其慈子嗜利而轻简父母也，念罪，非有储理也。亦不同禽兽仅焉耳！②

---

① 《史记》卷六八《商君列传》。
② 贾谊《新书》卷三《时变篇》。《汉书》卷四八《贾谊传》中所引与此大同小异。

贾谊所讲的是否有过度处，很难断定，但大概的情形恐怕可靠。旧日父母子女间的关系以及舅姑与子妇的关系完全打破，连父母子女之间相借贷都成问题，颇有今日西洋的风气！

可惜关于家族制度的改革，我们只对秦国有这一点片面的知识，其他各国的情形皆不可考。但商鞅变法，以李悝的《法经》为根据，①李悝前曾相魏文侯，变魏国法，魏因而成为战国初期最强的国家。秦在七国中似乎变法最晚，并非战国时唯一变法的国家。这个重要的关键，历来都被人忽略。楚悼王用吴起变法，也在商鞅之前。吴起原与李悝同事魏文侯，对魏变法事或者亦有贡献。后往楚，相楚悼王，

> 明法审令，捐不急之官，废公族疏远者，以抚养战斗之士。②

此处所言不详，所谓"明法审令"所包必广，恐怕也与后来商鞅在秦所行的大致相同。此外申不害相韩，与商鞅同时，"内修政教，外应诸侯"，大概也是在变法。③

---

① 《晋书》卷三〇《刑法志》："是时承用秦汉旧律。其文起自魏文侯师李悝。悝撰次诸国法，著《法经》……商鞅受之以相秦。"
② 《史记》卷六五《吴起传》。
③ 《史记》卷六三《申不害传》。

关于秦、魏、楚、韩四国的变法，我们能得到这一点眉目，已算侥幸；其他各国的情形，连一个字也未传到后代。但泛观人类历史，同一文化区域之内，一切的变化都是先后同时发生的。所以我们可以假定战国七雄都曾经过一番彻底的变法。商鞅变法是秦国富强的必需条件，但不是唯一条件。秦并六国更不完全由于变法，因为变法在当时是普遍的现象。地广人稀，沃野千里的蜀地的富源，恐怕是秦在列国角逐中最后占优势的主要原因。

各国变法之后，家族制度没落，可由种种方面看出。丧服制与子孙繁衍的观念可说是旧日家族制度的两个台柱。清楚严明的丧服制是维持一个人口众多的家庭的方法；子孙繁衍是使大家族继续存在的方法。但到战国大家族破裂之后，这两根台柱也就随着倒塌了。

三年丧是丧制的中心。三年丧的破裂象征整个丧制的动摇。三年丧似乎破坏得很早，春秋末期恐怕已经不能完全实行。孔子的极力提倡，正足证明它的不为一般人所注意；连孔门弟子宰我都对三年丧表示怀疑，认为服丧一年已足。[1]这恐怕是当时很普遍的意见。后来孟子劝滕文公服丧三年，滕的父兄百官无不反对：

> 吾宗国鲁先君莫之行，吾先君亦莫之行也；至于子之身而反之不可！[2]

---

① 《论语·阳货篇》。
② 《孟子·滕文公上》。

所谓"先君"到底"先"到什么程度很难强解。最少可说战国初期鲁、滕两个姬姓国家已都无形间废除三年丧。实际恐怕春秋末期政治社会大乱开始的时候，这个古制必已渐渐不能成立。

墨子倡三月丧必很合乎当时的口味。[①]在当时提倡并且实行三年丧的只有一般泥古的儒家。但一种制度已经不合时代的潮流，勉强实行必不自然，虚伪的成分必甚浓厚。墨者骂儒家"繁饰礼以淫人，久丧伪哀以谩亲"[②]，或有党派之嫌，但与实情相离恐不甚远。许多陋儒的伪善，连儒家内部比较诚恳高明的人也看不过，也情不自已地骂两句。荀子所指摘的种种"贱儒"必包括一些伪善与伪丧的人。[③]《礼记》各篇中所讲的漫无涯际的丧礼，到底有多少是古代实情，多少是儒家坐在斗室中的幻想，我们已无从分辨。若说春秋以上的人做戏的本领如此高强，很难令人置信！

与三年丧有连带关系的就是孝道。孔子虽然重孝，但把孝创为一种宗教却是战国儒家，尤其是曾子一派所做的。《孝经》就是此种环境下所产的作品。

与三年丧同时没落的，还有多子多孙的观念与欲望。大

————

① 《墨子》卷一二《公孟篇》第四八。
② 《墨子》卷九《非儒篇下》第三九。
③ 《荀子》卷三《非十二子篇》第六。但荀子并不反对三年丧；见卷一三《礼论篇》第一九。

中国文化与中国的兵

家族制度之下，子孙众多当然是必需的。西周春秋时代的铭刻中，充分地表现这种心理：

> 其永宝！
> 子孙其永宝！
> 其万年宝用！
> 其万年子子孙孙永宝用！

以上一类的句法，几乎是每件铜器上必有的文字。后来虽或不免因习惯而变成具文，但在当初却是整个社会制度的一种表现。孟子"不孝有三，无后为大"①的说法，不只是战国时代儒家的理想，也确是春秋以上的普遍信仰。

但一旦大家族破裂，子孙繁衍的观念必趋微弱。一人没有子孙，整个家族的生命就有受威胁的可能。但公民观念代替了家族观念之后，一般人认为一人无子，国家不见得就没有人民。并且在大家族的集团生活之下，家口众多还不感觉不便。小家庭中，儿女太多，的确累赘。人类的私心，总不能免。与个人太不便利时，团体的利益往往就被牺牲。所以战国时代各国都有人口过少的恐慌，也多设法增加自己国内的人口。最早的例子就是春秋战国之交的越国。勾践要雪国耻，极力鼓励国内人口的繁殖：

---

① 《孟子·离娄上》。

106

（1）令壮者无取老妇，令老者无取壮妻；

（2）女子十七不嫁，其父母有罪；丈夫二十不娶，其父母有罪；

（3）将免（娩）者以告，公医守之；

（4）生丈夫二壶酒一犬，生女子二壶酒一豚；

（5）生三人公与之母，生二人公与之饩。[1]

我们读此之后，几乎疑惑墨索里尼是勾践的私淑弟子；两人的政策相同处太明显了！

关于越国，我们或者还可说它是新兴的国家，地广人稀，所以才采用这种方法。但北方的古国，后来也同样做法，就很难如此解释了。魏居中原之中，也患人少。梁惠王向孟子诉苦：

> 寡人之于国也，尽心焉耳矣。河内凶，则移其民于河东，移其粟于河内。河东凶亦然。察邻国之政无如寡人之用心者，邻国之民不加少，寡人之民不加多，何也？[2]

---

[1] 《国语》卷二〇《越语上》。

[2] 《孟子·梁惠王上》。

中国文化与中国的兵

梁惠王以后，秦国也患人少，有人提倡招徕三晋的人民。①赵、魏、秦三国也决非例外，其他各国也必感到同样的困难。战争过烈，杀人太多，或可解释人口稀少的一部分原因；但此外恐怕还有其他的因素。小家庭制度盛行多子观念薄弱之后，杀婴的风气必所难免。关于战国时代，虽无直接的证据；但到汉代杀婴的事却曾惹人注意。

并且再进一步，今日西洋各国所时尚的节制生育方法并非新事，战国时代的中国已有此风。中国古代称它为房中术，又称玄素术、阴阳术、容成术，或彭祖术。按《汉书》，古代此种的书籍甚多，②正如今日西洋性学专书与节制生育小册的流行一样。战国、西汉间，最重要的有八种：

(1)《容成阴道》，二十六卷；

(2)《务成子阴道》，三十六卷；

(3)《尧舜阴道》，二十三卷；

(4)《汤盘庚阴道》，二十卷；

(5)《天老杂子阴道》，二十五卷；

(6)《天一阴道》，二十四卷；

(7)《皇帝三王养阳方》，二十卷；

——————————

① 《商君书》卷四《徕民篇》。此篇所言并非商君时事，篇中谓："今三晋不胜秦四世矣。自魏襄王以来，野战不胜，守城不拔；小大之战，三晋之所以亡于秦者不可胜数也。"魏襄王还是惠王的儿子，此篇所言当为孟子与梁惠王后百年的情形。墨子书中也屡次提倡人口增加，但这是根据墨子的经济生产学说与整个兼爱主义的，与实际人口多少问题似无直接的关系。所以本文对墨子所言，阙而不论。
② 《汉书》卷三〇《艺文志》。

108

（8）《三家内房有子方》，十七卷。

这些书可惜已全部失传无从详考其内容。单看书名，前七种似乎专讲方法。最后一种仍承认"有子"是必需的，但内中必有条件，正如今日西洋节制生育家所提倡的儿女少而优秀的说法。我们从葛洪较晚的传说中，还可看出房中术的大概性质：

> 或曰："闻房中之事，能尽其道者，可单行致神仙，并可以移灾解罪，转祸为福，居官高迁，商贾倍利。信乎？"
>
> 抱朴子曰："此皆巫书妖妄过差之言，由于好事增加润色，至令失实。或亦奸伪造作虚妄，以欺诳世人；藏隐端绪，以求奉事；招集弟子，以规世利耳。夫阴阳之术，高可以治小疾，次可以免虚耗而已。其理自有极，安能致神仙及却祸致福乎？人不可以阴阳不交，坐致疾患。若乃纵情恣欲，不能节宣，则伐年命。善其术者，则能却走马以补脑，还阴丹以朱肠；采玉液于金池，引三五于华梁。令人老有美色，终其所禀之天年。而俗人闻黄帝以千二百女升天，便谓黄帝单以此事致长生；而不知黄帝于荆山之下，鼎湖之上，飞九丹成，乃乘龙登天也。黄帝自可有千二百女耳，而非单行之所由也。凡服药千种，三牲之养，而不知房中之术，亦无所益也。是以古人恐人轻恣情性，故美为之说，亦不可尽信也。

玄素谕之水火，水火煞人而又生人，在于能用与不能耳。大都其要法，御女多多益善；如不知其道而用之，一两人足以速死尔。彭祖之法，最其要者；其他经多烦劳难行，而其为益不必如其书，人少有能为之者。口诀亦有数千言耳，不知之者，虽服百药，犹不能得长生也。"[1]

葛洪又谓："房中之术，近有百余事焉。"又谓："房中之法，十余家。"可见到晋时比战国秦汉间已又增加了几种作品；方法也相当的复杂，可以有百余事。又谓："或以补救伤损，或以攻治众病，或以采阴益阳，或以增年延寿；其大要在于还精补脑之一事耳。"[2]

上面仅存于今日的几段记载，废话太多，中肯的话太少。但我们可看出当时对此有种种自圆其说的理论，用以遮掩那个完全根据于个人幸福的出发点。"却走马以补脑"或"还精补脑"的一句话，暗示今日节制生育中所有的一种方法，在古代的中国这大概是最流行的方法。

并且一种潮流，往往不只有一种表现的途径。战国时代家族破裂，国家不似家庭那样亲切，号召人心的力量也不似家族那样强大。于是个人主义横流，种种不健全的现象都自

---

① 《抱朴子内篇》卷六《微旨篇》。
② 《抱朴子内篇》卷八《释滞篇》。近人叶德辉《双梅景暗丛书》中辑有《素女经》《女方》《玉房秘诀》三种，是南北朝隋唐间的作品。其中性学的成分较多，但仍保有战国秦汉间的节育学说，可供参考。

由发展。道家的独善其身与杨家的任性纵欲是有理论为借口的个人主义。房中术是没有理论的，最少可说是理论很薄弱的个人主义。与房中术性质相类的还有行气、导引、芝菌、按摩等等。①行气又称吐纳，就是今日所谓深呼吸，在当时又称胎息术：

> 得胎息者，能不以鼻口嘘吸，如在胞胎之中。②

导引又称步引，就是今日的柔软体操与开步走之类。本是活动身体的方法，后来渐渐附会为"步罡踏斗"的神秘把戏。

芝菌近乎今日的素食主义（Vegetarianism）与斋疗术（Fasting cure），认为少吃、不吃或专吃几种特别食品可以延年益寿。芝菌术又称辟谷术，因为最彻底的实行者不只忌肉食，并且又辟五谷，而专吃野生的芝菌。这种本就荒唐的办法，后来又演化为炼长生丹与药饵的说法。据说战国韩的遗臣而后来成为汉初三杰之一的张良，在晚年曾经学习辟谷，③可见其流行的程度了。

按摩术，名与事今日都很流行。这种种个人享乐与养生

---

① 《汉书》卷三〇《艺文志》，神仙家。参考《抱朴子内篇》卷六《微旨篇》。
② 《抱朴子内篇》卷八《释滞篇》。
③ 《史记》卷五五《留侯世家》。但这与黄石公的故事很可能都是张良见功臣不得善终，故意使人散布的谣言，以示自己无心于俗世，借以免祸。但以此为借口，更足见其流行。

的方法，当初或者都各自独立发展。但后来合流为神仙术，象征个人主义的极顶表现。养生术未可厚非，但太注意身体的健全，本身就是一个不健全的现象，对整个的社会是有妨害的。求长生不老，根本是变态心理的表现。今日西洋少数人要以羊腺或猴腺恢复青春的妄想，若不及早预防，将来也有演成神仙术的可能。战国时代的人口稀少，与个人养生享乐的潮流必有关系，可惜因史料缺乏，不能断定关系密切到如何的程度。但自私心过度发展，必至连子女之爱也要牺牲。房中术的主旨是既得性欲之乐，又免儿女之苦，对人口稀少要负一部分的责任，是没有问题的。

三、秦汉以下

秦汉大帝国初立，战国时代一般的潮流仍旧。秦皇汉武既为天子，又望长生，人人皆知的两个极端例证可以不论。人口稀少仍是国家一个严重问题。房中之风仍然流行。王莽相信黄帝御一百二十女而致神仙，于是遣人分行天下，博采淑女。一直到天下大乱，新朝将亡时，王莽仍"日与方士涿郡昭君等于后宫考验方术，纵淫乐焉"[①]。

东汉时此风仍然盛行，王充谓"素女对黄帝陈五女之法，非徒伤父母之身，乃又贼男女之性"[②]。可见这在当时仍是

----

① 《汉书》卷九九下《王莽传下》地皇二年、四年。
② 王充《论衡》卷二《命义篇》。

很平常的事，所以王充特别提出攻击。东汉末有妄人冷寿光，自谓因行容成公御妇人法，年已百五六十，面貌仍如三四十。①

此外，汉时有的地方盛行杀婴的风气。东汉末，贾彪为新息（今河南息县）县长，

> 小民困贫，多不养子。彪严为其制，与杀人同罪。城南有盗劫害人者，北有妇人杀子者。彪出案发，而掾吏欲引南。彪怒曰："贼寇害人，此则常理。母子相残，逆天违道！"遂驱车北行，案验其罪。城南贼闻之，亦面缚自首。数年间人养子者千数。金曰："贾父所长。"生男名为贾子，生女名为贾女。②

区区一县之地，数年间可杀而未杀的婴儿居然能有千数，可见杀婴不完全是由于困乏。此风停止后，也没有听说生活更加困难；贫困最多也不过是杀婴的一种借口。这种风气恐怕来源甚早，也不见得限于新息一地；前此与别处无人注意就是了。房中术盛行时，不明其法的人就难免要采用野蛮的杀婴方法。

汉代的政府也如战国时代列国的设法提倡人口增加。高

---

① 《后汉书》卷一一二下《华佗传》附《冷寿光传》。
② 《后汉书》卷九七《贾彪传》。春秋以上，生子可弃，但与此性质不同。参考《诗·大雅·生民篇》，后稷被弃故事及《左传》宣公四年越椒几乎被弃的故事。

113

帝七年，"命民产子，复勿事二岁"①。这或者还可以大乱之后人口稀少来解释。但由后来的情形，可看出这并不是唯一的原因。西汉最盛的宣帝之世，仍以人口增加的多少为地方官考课的重要标准，当时人口缺乏的正常现象可想而知了。黄霸为颍川太守，"以外宽内明，得吏民心，户口岁增，治为天下第一"。西汉末年，人口称为最盛；②然而召信臣为南阳太守，"其化大行……百姓归之，户口增倍"③。所谓"百姓归之"就是邻郡的人民慕化来归的意思。人口增加，要靠外来的移民，生殖可谓困难到惊人的程度！

两汉四百年间，人口的总额始终未超过六千万。汉承战国的法治之余，户口的统计当大致可靠。并且当时有口赋、算赋、更赋的担负，男女老幼大多都逃不了三种赋役中的最少一种，人口统计当无大误。珠江流域虽尚未开发，长江流域虽尚未发展到后日的程度，但只北方数省的人口在今日已远超过六千万。汉代人口的稀少，大概是无可置疑的。并且西汉人口最盛时将近六千万，东汉最盛时反只将近五千万，减少了一千万。④可见当时虽每经过一次变乱之后，人口减而复增；但四百年间人口的总趋势是下减的。

此点认清之后，东汉诸帝极力奖励生育的政策就可明白

---

① 《汉书》卷一下《高帝纪下》。
② 《汉书》卷二八下《地理志下》。
③ 黄霸召信臣事具见《汉书》卷八九《循吏列传》。
④ 《汉书》卷二八下《地理志下》；《后汉书》卷三三《郡国志五》。

了。章帝元和二年，降下有名的胎养令，分为两条：

（1）产子者，复勿算三岁；

（2）怀孕者，赐胎养谷，人三斛；复其夫勿算一岁。[1]

由此看来，生育的前后共免四年的算赋，外给胎养粮。算赋不分男女，成年人都须缴纳，每年一百二十钱，是汉代最重的一种税赋，"产子者，复勿算三岁"，未分男女，大概是夫妇皆免。怀孕者，夫免算一岁；妇既有养粮，免算是不言而喻的了。两人前后免算八次，共九百六十钱。汉代谷贱时，每石只五钱，饥荒时亦不过数百钱，平时大概数十钱。[2]所以这个胎养令并不是一件小可的事情，所免的是很客观的一笔税款。这当然是仁政，但只把它看为单纯消极的仁政，未免太肤浅。这件仁政有它积极的意义，就是鼓励生育。并且这个办法是"著以为令"的，那就是说，此后永为常法。但人口的增加仍是有限，总的趋势仍是下减。如此大的奖励还是不能使人口增加，可见社会颓风的积重难返了。

此外，汉代诸帝又不断地设法恢复前此几近消灭的大家族制度。这个政策可从两方面来解释。第一，战国的紧张局面已成过去，现在天下一家，皇帝只求社会的安定。小家庭制度下，个人比较流动，社会因而不安。大家族可使多数的

---

① 《后汉书》卷三《章帝纪》。

② 《汉书》卷二四《食货志》。

中国文化与中国的兵

人都安于其位；所以非恢复大家族，社会不能安宁。①但汉帝要恢复大家族，恐怕还有一个原因，就是希望人口增加。小家庭制与人口减少几乎可说有互相因果的关系。大家族与多子多孙的理想若能复兴，人口的恐慌就可免除了。汉代用政治的势力与权利的诱惑提倡三年丧与孝道，目的不外上列两点。战国时代被许多人讥笑的儒家至此就又得势了。

汉初承战国旧制，仍行短丧。文帝遗诏，令臣民服丧以三十六日为限。②臣民亦多短丧。一直到西汉末成帝时，翟方进为相，后母终，既葬三十六日除服。③但儒家极力为三年丧宣传，武帝立儒教后，宣传的势力更大。公孙弘为后母服丧三年，可说是一种以身作则的宣传。④到西汉末，经过百年间的提倡，三年丧的制度又重建起来了。成帝时薛宣为相，后母死，其弟薛修服三年丧，宣谓"三年服，少能行之者"，不肯去官持服，后竟因此遭人攻击。⑤哀帝时，刘茂为母行三年丧。⑥成哀间，河间王良丧太后三年，哀帝大事褒扬。⑦哀帝时，游侠原涉为父丧三年，衣冠之士无不羡叹。⑧哀帝即位，

---

① 汉代重农抑商，原因亦在此。商业是流动的，使社会不安。农业是固定的，农业的社会大致都安静无事。见《汉书》卷二四《食货志》。
② 《史记》卷一〇《文帝本纪》，《汉书》卷四《文帝纪》同。
③ 《汉书》卷八四《翟方进传》。
④ 《汉书》卷五八《公孙弘传》。
⑤ 《汉书》卷八三《薛宣传》。
⑥ 《汉书》卷八一《独行列传》。
⑦ 《汉书》卷五三《河间献王传》。
⑧ 《汉书》卷九二《游侠列传》。

116

诏博士弟子父母死，给假三年。[1]到东汉时，三年丧更为普遍，例多不举。光武帝虽又废三年丧，但那是大乱后的临时措置，不久就又恢复。[2]后虽兴废无定，但三年丧已根深蒂固，已成为多数人所承认的制度。[3]

孝道的提倡与三年丧的宣传同时并进。汉帝谥法，皆称"孝"。《孝经》一书特别被推崇。选举中又有孝廉与至孝之科。对人民中的"孝弟力田"者并有赏赐。据荀爽说：

> 汉为火德。火生于木，木盛于火，故其德为孝。……故汉制使天下诵《孝经》，选吏举孝廉。[4]

汉谥法用"孝"的来源不详。荀爽火德为孝的解释不妥，因为以汉为火德是王莽时后起的说法，汉原来自认为水德或土德，[5]而西汉第二代的惠帝已称"孝惠"。谥法用"孝"，解释为国家提倡孝道，最为简单通顺；无需绕大圈子去找理由。

明帝时，期门羽林介胄之士都通《孝经》，[6]可见此书到东汉时已成了人人皆读的通俗经典了。关于孝廉与孝弟力田

---

① 《汉书》卷一一《哀帝纪》。
② 《后汉书》卷六九《刘恺传》，卷七六《陈忠传》。
③ 《后汉书》卷七《桓帝纪》，卷九二《荀爽传》。
④ 《后汉书》卷九二《荀爽传》。
⑤ 《汉书》卷二五《郊祀志》，卷九八《元后传》，卷九九《王莽传》。
⑥ 《后汉书》卷六二《樊准传》。

的事，例证极多，无需列举。

孝的宗教，到东汉时可说已经成立。东汉初，江革母老，不欲摇动，革亲自在辕中为母輓车，不用牛马。乡里称他为"江巨孝"。[1]中叶顺帝时，东海孝王臻与弟蒸乡侯俭并有笃行，母死皆吐血毁瘠。后追念父死时，年尚幼，哀礼有阙，遂又重行丧制！[2]至此孝已不只是善之一种，而成了万善之本。章帝称赞江革的话可说是此后二千年间唯孝主义的中心信条：

> 夫孝，百行之冠，众善之始也。[3]

这种三年丧与孝教的成功，表示大家族制度已又渐渐恢复。人口虽仍不见加多，但并未过度地减少，所以帝国仍能维持，不致像西方同时的罗马帝国因患贫血症而堪堪待死，等到日耳曼的狂风暴雨一来，就立刻气绝。中国虽也有五胡入侵，但最后能把他们消化，再创造新的文化局面这最少一部分要归功于汉代大家族制度的重建政策。

四、结论

到东汉时大家族重建的运动已经成功。魏晋清谈之士的

---

[1] 《后汉书》卷六九《江革传》。
[2] 《后汉书》卷七二《东海恭王强传》。
[3] 《后汉书》卷六九《江革传》。

谩侮礼教，正足证明旧的礼教已又复活。五胡的打击也不能把旧礼教与大家族冲破。永嘉乱后，中原人士南迁，家人父子往往离散。子过江而不知父母存没的甚多，守丧的问题因而大起。未得正确的消息之先，为人子的可否结婚或做官，更是切肤的问题。"服丧则凶事未据，从吉则疑于不存。"真是进退两难。大家议论纷纷，莫衷一是，可见孝道与丧制的基础是如何的稳固了。①房中术与杀婴风气虽未见得完全绝迹，但已不是严重的问题。此后历代的问题不是人口稀少，而是食口太多，生活无着。胎养令一类的办法无人再提起；因为不只无此需要，并且事实上也不可能了。

东汉以下两千年间，大家族是社会国家的基础。②大家族是社会的一个牢固的安定势力。不只五胡之乱不能把它打破；此后经过无数的大小变乱，社会仍不瓦解，就是因为有这个家族制度。每个家族，自己就是一个小国家。每个分子，甚至全体分子，可以遇害或流散死亡；但小国家制度本身不是任何暴力或意外的打击所能摇撼的。

但反过来讲，汉以下的中国不能算为一个完备的国家。大家族与国家似乎是根本不能并立的。封建时代，宗法的家族太盛，国家因而非常散漫。春秋时代宗法渐衰，列国才开始具备统一国家的雏形。战国时代大家族没落，所以七雄才

---

① 《晋书》卷二〇《礼志中》。
② 但严格讲来，不能称为宗法社会，因为春秋以上的宗法制度始终没有恢复。

组成了真正统一的完备国家。汉代大家族衰而复盛，帝国因而又不成一个国家。二千年来的中国只能说是一个庞大的社会，一个具有松散政治形态的大文化区，与战国七雄或近代西洋列强的性质绝不相同。

近百年来，中国受了强烈的西洋文化的冲击，汉以下重建的家族制度以及文化的各方面才开始撼动。时至今日，看来大家族的悲运恐怕已无从避免。实行小家庭制，虽不见得国家组织就一定可以健强，但古今似乎没有大家族制下而国家的基础可以巩固的。汉以下始终未曾实现的真正统一的建国运动，百年来，尤其是民国以来，也在种种的困苦艰难中进行。一个整个的文化区，组成一个强固的国家，是古今未曾见过的事。中国今日正在努力于这种人类前此所未有的事业；若能成功，那就真成了人类史上的奇迹。相形之下，已经算为非常例外的中国文化第二周，反觉平平了。

家族制度，或大或小，是人类生活的必需条件。所以未来的中国到底采用如何形态的大家族或小家族制度，颇堪玩味。大小两制，各有利弊。两者我们都曾实行过，两者的苦头也都尝过。我们在新的建国运动中，是否能尽量接受历史上的教训，去弊趋利；这种万全的路径，是否可能；大小两制是否可以调和——这些问题都是我们今日的人所极愿追究的，但恐怕只有未来的人才能解答！

中国的元首

中国历史上四千年间国君的称号甚为简单。当初称王，王下有诸侯。其后诸侯完全独立，各自称王。最后其中一王盛强，吞并列国，统一天下，改称皇帝，直至最近的过去并无变更。称号的演化虽甚简单，内涵的意义却极重要。专就皇帝成立的事实经过而论，可分下列诸步骤：

（一）列国称王

（二）合纵连横与东帝西帝

（三）帝秦议

（四）秦始皇帝

（五）汉之统一与皇帝之神化

（六）废庙议与皇帝制度之完全成立

（七）后言

参错在这个史实的演化中，还有各种相反与相成的帝王论。本篇专以事实为主，帝王论与当时或后世史实有关系者也附带论及。

121

一、列国称王

战国以前，列国除化外的吴、楚诸国外，最少在名义上都尊周室为共主。春秋时代周王虽早已失去实权，然而列国无论大小，对周室的天子地位没有否认的。春秋时代国际政治的中心问题是"争盟"或"争霸"，用近代语，就是争国际均势。国际均势是当时列强的最后目的，并非达到其他目的的一种手段。以周室为护符——挟天子以令诸侯——是达到这个目的最便利的方法。因为列强都想利用周室，所以它的地位反倒非常稳固，虽然它并无实力可言。

到春秋末期战国初期这种情形大变。各国经过政治的篡弑与我们今日可惜所知太少的社会激变，统治阶级已非旧日的世族，而是新起的智识分子。旧的世族有西周封建时代所遗留的传统势力与尊王心理，列国国君多少要受他们的牵制。所以春秋时代的列国与其说是由诸侯统治，无宁说是诸侯与世族合治。列国的诸侯甚至也可说是世族之一，不过是其中地位最高的而已。争盟就是这个封建残余的世族的政策。他们认为这个政策最足以维持他们的利益，因为列国并立势力均衡，世族在各本国中就可继续享受他们的特殊权利。任何一国或任何一国的世族并没有独吞天下的野心。

战国时代世族或被推倒，或势力削弱。这时统治者是一般无世族传统与世族心理的出身贵贱不齐的文人。国君当初曾利用这般人推翻世族的势力；现在这般人也成为国君最忠心的拥护者。他们没有传统的势力与法定世袭的地位，他们的权势荣位来自国君，国君也可随时夺回。到这时，列国可说是真正统一的国家了，全国的权柄都归一人一家，一般臣下都要仰给于君上，不像春秋时代世族的足以左右国家以至天下的政策与大局。国君在血统上虽仍是古代的贵族，但在性质上他现在已不代表任何阶级的势力，而只知谋求他一人或一家的利益。所以战国时代二百五十年间国际均势虽然仍是一个主要的问题，但现在它只是一种工具，不是最后的目的。最后的目的是统一天下。列强都想独吞中国，同时又都不想为他人所吞。在这种矛盾的局面下，临时只得仍然维持均势；自己虽然不能独吞，最少可防止其他一国过强而有独吞的能力。但一旦有机可乘，任何一国必想推翻均势局面，而谋独强以至独吞。战国时代的大战都是这种防止一国独强或一国图谋推翻均势所引起的战争。列国称王也是这种心理的最好象征。列国称王可说有两种意义。第一是各国向周室完全宣布独立；第二是各国都暗示想吞并天下，因为"王"是自古所公认为天子的称号。

最早称王的是齐、魏两国。但这种革命的举动也不是骤然间发生的；发生时的经过曲折颇多。战国初年三晋独立仍须周室承认（西前403年）。田齐篡位也须由周天子取得宪法上的地位（西前386年）。可见历史的本质虽已改变，传统的心理不是一时可以消灭的。后来秦国于商鞅变法之后，势力大盛，屡次打败战国初期最强的魏国。这时秦国仍要用春秋时代旧的方法以巩固自己的地位，所以就极力与周天子拉拢，而受封为伯（西前343年），与从前的齐桓、晋文一样。次年（西前342年）秦又召列国于逢泽（今河南开封东南），朝天子。这是一种不合时代性的举动，在当时人眼光中未免有点滑稽。虽然如此，别国必须想一个抵抗的方法，使秦国以周为护符的政策失去效用。于是失败的魏国就联络东方大国的齐国，两国会于徐州，互相承认为王（西前334年）。这样一来，秦国永不能再假周室为号召，周室的一点残余地位也就完全消灭了。秦为与齐魏对抗起见，也只得称王（西前325年）。其他各国二年后（西前323年）也都称王。只有赵国唱高调称"君"；现成的"公侯"不用而称"君"，也正足证明周室的封号无人承认，一切称号都由自定。但赵国终逆不过时代潮流，最后也称王（西前315年）①。至此恐怕各国方才觉悟，时代已经变换，旧的把戏不能再玩，新的把戏非常严重痛苦——就最是列国间的拼命死战。这种激烈战争，除各国的奖励战杀与秦国的以首级定爵外，由国界的变化最可看出。春秋时代各国的疆界极其模糊。当时所谓"国"就是首都。两国交界的地方只有大概的划分，并无清楚的界限。到战国时各国在疆界上都修长城，重兵驻守，可见当时国际空气的严重。在人类史上可与20世纪欧

---

① 《史记》卷五《秦本纪》，卷四三《赵世家》，卷四四《魏世家》，卷四六《田敬仲完世家》。

洲各国疆界上铜墙铁壁的炮垒相比的，恐怕只有战国时代这些长城。[①]

二、合纵连横与东帝西帝

列国称王以后百年间，直至秦并六国，是普通所谓合纵连横的时期。连横是秦国的统一政策，合纵是齐楚的统一政策。其他四国比较弱小，不敢想去把别人统一，只望自己不被人吞并就够了。所以这一百年间可说是秦、齐、楚三强争天下的时期。这时不只政治家的政策是以统一为目标，一般思想家也无不以统一为理想。由现存的先秦诸子中，任择一种，我们都可发现许多"王天下""五帝三王云云"花样繁多而目的一致的帝王论或统一论。所以统一可说是当时上下一致的目标，人心一致的要求。这些帝王论中，除各提倡自己一派的理想，当初有否为某一国宣传的成分，我们现在已不容易考知。其中一种有丰富的宣传色彩，似乎大致可信——就是邹衍（西前350至前250年间）一派的五德终始说。对后代皇帝制度成立，也属这派的影响最深。可惜邹衍的著作全失，后代凌乱的材料中，只有《史记·封禅书》中所记录的可以给我们一个比较完备的概念：

> 自齐威宣之时，邹衍之徒论著终始五德之运。及秦帝，而齐人奏之。故始皇采用之。

————————

① 顾炎武《日知录》卷三一《长城》。

所以这当初是齐国人的说法，秦始皇统一后才采用。五德的说法据《封禅书》是：

> 秦始皇既并天下而帝，或曰："黄帝得土德，黄龙地螾见；夏得木德，青龙止于郊，草木畅茂；殷得金德，银自山溢；周得火德，有赤乌之符。今秦变周，水德之时。昔秦文公出猎，获黑龙；此其水德之瑞。"

这是一个极端的历史定命论，也可见当时一般的心理认为天下统一是不成问题的，并且据邹衍一派的说法统一必由按理当兴的水德。

这个说法本来是为齐国宣传的。邹衍是齐国人，受齐王优遇，有意无意中替齐国宣传也无足怪。宣传的证据是与五德终始说有连带关系的封禅说。所谓封禅是历代受命帝王于受命后在泰山上祭祀天地的一种隆重典礼。在先秦时代列国分立，各地有各地的圣山，并无天下公认的唯一圣山。由《周礼·夏官·职方氏》可知泰山不过是齐鲁（兖州）的圣山，并非天下的圣山；其他各州各有自己的圣山。只因儒家发生盛行于齐鲁及东方诸小国，儒书中常提泰山，又因封禅说的高抬泰山，所以后代才认泰山为唯一圣山。邹衍一派当初说帝王都须到泰山封禅，是一种前所未有的新闻。这等于说，齐国是天命攸归的帝王，不久必要统一天下。假设封禅的说法若为楚人所倡，必定要高抬衡山；若为秦人所创，必说非封禅华山不可。现存的《管子·封禅篇》与《史记·封禅书》都讲到齐桓公要封禅而未得。这恐怕是同样的邹衍一派的宣传，暗示春秋时代的齐国几乎王天下，战国时代的新齐国必可达到目的。

空宣传无益。当时齐国的确有可能统一天下的实力。邹衍或其他一派的人创造这个学说，一定是认清这个实力所致，并非一味的吹嘘。齐国是东方的大国，到宣王时（西前319至前301年）尤强，乘燕王哙让位子之大演尧舜禅让的悲喜剧的机会，攻破燕国（西前314年），占领三年。后来（西前312年）虽然退出，齐国的国威由此大振。同时（西前312至前311年）楚国上了张仪的当，冒然攻秦，为秦所破，将国防要地的汉中割与秦国。所以至此可说秦、齐二国东西并立，并无第三国可与抗衡。至于两国竞争，最后胜利谁属尚在不可知之数。在这种情形下，齐国人为齐国创造一种有利的宣传学说，是很自然的。于是产出这个以泰山为中心的封禅主义。

这个秦、齐并立的局面支持了约有二十五年。两国各对邻国侵略，但互相之间无可奈何。天下统一不只是政治家的政策，不只是思想家的理想，恐怕连一般人民也希望早日统一，以便脱离终年战争的苦痛。"王天下"的人为"帝"现在也已由理想的概念成为一般的流行语。当初的"王"现在已不响亮，作动词用（王天下）还可以，作名词用大家只认"帝"为统一的君主。秦齐既两不相下，所以它们就先时发动，于西前288年两国约定平分天下，秦昭襄王称西帝，齐湣王称东帝，除楚国外，天下由二帝分治。根本讲来，这是一个矛盾的现象，因为"帝"的主要条件就是"王天下"，所以两帝并立是一个不通的名词，在当时的局势之下也是一个必难持久的办法。可惜关于这个重大的事件，我们所知甚少。据《战国策》[1]似乎是秦国提议。秦先称西帝，齐取观望的态度，后来也称帝。但因列国不服或其他原因，两国都把帝号取消，仍只称王。但后来齐湣王在国亡家破的时候（西前284年）仍要邹鲁以天子之礼相待，结果是遭两国的闭门羹，[2]可见取消帝号是一种缓和空气的作用，实际上齐国仍以帝自居。荆轲刺秦王的时候（西前227年）称秦王为"天子"，[3]可见秦也未曾把帝号完全取消。两国大概都是随机应变，取模棱两可的态度。

三、帝秦议

齐国称帝不久就一败涂地。三晋本是秦的势力范围，齐湣王野心勃勃，要推翻秦的势力，以便独自为帝。齐攻三晋（西前286年）的结果是秦国合同三晋，并联络燕国，大举围齐。齐国大败，临时亡国。燕国现在报复三十年前的旧恨，把齐国几乎完全占领（西前284年）。楚国也趁火打劫，由南

---

[1] 《战国策》卷十一《齐四》。
[2] 《战国策》卷二十《赵三》。
[3] 《战国策》卷三一《燕三》。

128

进攻。后来五国退兵，燕独不退。五六年间（西前284至前279年）除莒与即墨二城外，整个齐国都变成燕的属地。后来齐虽复国（西前279年），但自此之后元气大亏，丧失强国的地位，永远不能再与秦国对抗。后来秦并天下，齐是六国中唯一不抵抗而亡的。所以燕灭齐可说是决定秦并天下的最后因素。西前284年前一切皆在不可知之数，西前284年后秦灭六国只是一个时间的问题。

二十年后（西前258年）秦攻赵，围邯郸。赵求救于魏，魏援军畏秦，不敢进兵。邯郸一破，三晋必全为秦所吞并，因为现在中原只有赵还有点抗秦的能力。但其他各国连援兵都不敢派出，可见当时畏秦的心理已发展到何等的程度。这时遂有人提议放弃无谓的抵抗，正式向秦投降，由赵领衔，三晋自动尊秦为帝。此举如果成功，秦并六国的事业或可提早实现。所幸（或不幸）当时出来一个齐国人鲁仲连，帝秦议方才中止。①大概此时齐国虽已衰弱，齐国志士尚未忘记秦齐并立的光荣时期。所以对强秦最愤恨的是齐人，对帝秦议极力破坏的也是齐人。后来赵魏居然联合败秦，拼死的血战又延长了四十年。

由于思想家的一致提倡统一，由于列强的极力蚕食邻国，由于当时人的帝秦议，我们都可看出天下统一是时代的必然趋势，没有人能想象另一种出路。最后于西前221年秦王政合并六国，创了前古未有的大一统局面。

---

① 《战国策》卷二十《赵三》。

四、秦始皇帝

秦始皇对于他自己的新地位的见解很值得玩味。据《史记·秦始皇本纪》，西前221年令丞相御史议称号：

> 寡人以眇眇之身，兴兵诛暴乱。赖宗庙之灵，六王咸伏其辜，天下大定。今名号不更，无以称成功传后世。其议帝号！

"其议帝号"一句话很可注意。当时秦尚未正式称帝，然而正式的令文中居然有这种语气，有两种可能的解释。一是帝本是公认为"王天下者"的称号；现在秦并六国，当然是帝。第二种解释就是七十年前秦称西帝，始终未正式取消，所以"帝号"一词并无足怪。现在秦王为帝已由理想变成事实，只剩正式规定帝的称号。

始皇与臣下计议的结果，名号制度焕然一新。君称"皇帝"，自称"朕"，普遍地行郡县制与流官制，划一度量衡，书同文，车同轨，缴天下械，治驰道，徙富豪于咸阳。凡此种种，可归纳为两条原则。一、天下现在已经统一，一切制度文物都归一律。二、政权完全统一，并且操于皇帝一人之手。从此以后，皇帝就是国家，国家就是皇帝。这种政治的独裁在战国时已很明显。只因那时列国并立，诸王不得不对文人政客有相当的敬礼与牢笼。现在皇帝不只不再需要敬畏政客文人，并且极需避免他们的操纵捣乱。当初大家虽都"五帝三王""王天下"不离口，但他们并没有梦想到天下真正统一后的情势到底如何。现在他们的理想一旦实现，他们反倒大失所望，认为还是列国并立的局面对他们有利。同时六国的王孙遗臣也很自然地希望推翻秦帝，恢复旧日的地方自由。所以文人政客个人自由的欲望与六国遗人地方独立的欲望两相混合，可说是亡秦的主要势力。焚书坑儒就是秦始皇对付反动的文人政客的方法。张良与高渐离①可代表六国遗人力谋恢复的企图。在历史上第一个统一的伟人或朝代似乎总是敌不过旧势力的反动，总是失败的。统一地中海世界的凯撒为旧党所刺杀，西方的天下又经过十几年的大乱才又统一。统一中国的秦朝也遭同样的命运。一度大乱之后，汉朝出现，天下才最后真正统一。

秦亡的代价非常重大。秦朝代表有传统政治经验与政治习惯的古国，方才一统的天下极需善政，正需要有政治经验习惯的统治者。并且秦国的政治在七国中最为优美，是战国时的人已经承认的。②反动的势力把秦推翻，结果而有布衣天子的汉室出现。汉高是大流氓，一般佐命的人多为无政治经验的流氓小吏出身。所以天下又经过六十年的混乱方才真正安定下去。到汉武帝时（西前140至前87年）政治才又略具规模，汉室的政治训练才算成熟。

---

① 《史记》卷五五《留侯世家》，卷八六《刺客列传》。
② 《荀子》卷一一《强国篇》第一六。

中国文化与中国的兵

五、汉之统一与皇帝之神化

汉室的成立是天下统一必然性的又一明证。楚汉竞争的时期形式上是又恢复了战国时代列国并立的局面；义帝只是昙花一现的傀儡。项羽灭后，在理论上除汉以外还有许多别的国，不过是汉的与国而已，并非都是属国。但列国居然与汉王上表劝进：

> 楚王韩信，韩王信，淮南王英布，梁王彭越，故衡山王吴芮，赵王张敖，燕王臧荼，昧死再拜言，大王陛下！先时秦为亡道，天下诛之。大王先得秦，王定关中，于天下功最多。存亡定危，救败继绝，以安万民，功盛德厚。又加惠于诸侯王有功者，使得立社稷。地分已定，而位号比拟，亡上下之分；大王功德之著于后世不宣。昧死再拜上皇帝尊号！①

细想起来，这个劝进表殊不可解。这是一群王自动公认另一王为帝，正与五十年前鲁仲连所反对的帝秦议性质相同。我们即或承认这是诸王受汉王暗示所上的表，事情仍属奇异。各人起兵时本是以恢复六国推翻秦帝为口号。现在秦帝已经推翻，六国也可说已经恢复，问题已经解决，天下从此可以太平无事；最少列国相互间可以再随意战争，自由捣乱，不

---

① 《汉书》卷一下《高帝纪下》。

132

受任何外力的拘束。谁料一帝方倒他们就又另外自立一帝。即或有汉王的暗示，当时汉王绝无实力勉强诸王接受他的暗示。所以无论内幕如何，我们仍可说这个劝进表是出于自动的；最少不是与诸王的意见相反的。这最足以证明当时的人都感觉到一统是解决天下问题的唯一方法，除此之外，并无第二条出路。第二条路是死路，就是无止期的战乱。从此以后，中国的历史只有这两条路可走：可说不是民不聊生的战国，就是一人独裁的秦汉。永远一治一乱循环不已。

汉室虽是平民出身，皇帝的尊严并不因之减少，反而日趋神秘。秦汉都采用当初齐国人的宣传，行封禅，并按五德终始说自定受命之德。①皇帝的地位日愈崇高，日愈神秘，到汉代皇帝不只是政治的独裁元首，并且天下公然变成他个人的私产。未央宫造成之后（西前198年），

> 高祖大朝诸侯群臣，置酒未央前殿。高祖奉玉卮，起为太上皇寿曰："始大人常以臣无赖，不能治产业，不如仲力。今某之业，所就孰与仲多？"殿上群臣皆呼万岁，大笑为乐。②

由此可见皇帝视天下为私产，臣民亦承认天下为其私产而不以为怪，反呼万岁，大笑为乐。这与战国时代孟子所倡

---

① 《史记》卷二八《封禅书》；《汉书》卷二五《郊祀志》。
② 《史记》卷八《高祖本纪》。

的民贵社稷次君轻的思想，及春秋时代以君为守社稷的人而非社稷的私有者的见解是两种完全不同的政治空气。

哀帝（西前6至前1年）宠董贤，酒醉后（西前1年），"'从容视贤笑曰：'吾欲法尧禅舜何如？'"中常侍王闳反对："天下乃高皇帝天下，非陛下之有也。陛下承宗庙，当传子孙于亡穷。统业至重，天子亡戏言！'"①

皇帝看天下为自己的私产，可私相授受。臣下认天下为皇室的家产，不可当作儿戏。两种观点虽不完全相同，性质却一样；没有人认为一般臣民或臣民中任何一部分对天下的运命有支配的权力。

天下为皇帝的私产，寄生于皇帝私产上的人民当然就都是他的奴婢臣妾。奴婢虽或有高低，但都是奴婢；由尊贵无比的皇帝看来，奴婢间的等级分别可说是不存在的。最贵的丞相与无立锥之地的小民在皇帝前是同样的卑微，并无高下之分。当时的人并非不知道这种新的现象。贾谊对此有极沉痛的陈述：

> 人主之尊譬如堂，群臣如陛，众庶如地。故陛九级上，廉远地，则堂高。陛无级，廉近地，则堂卑。高者难攀，卑者易陵，理势然也，故古者圣王制为等列，内有公卿大夫士，外有公侯伯子男，然后有官师小吏，延

---

① 《汉书》卷一一《哀帝纪》，卷九三《董贤传》。

134

及庶人。等级分明，而天子加焉，故其尊不可及也。里谚曰："欲投鼠而忌器。"此善谕也。鼠近于器，尚惮不投恐伤其器，况于贵臣之近主乎？廉耻节礼以治君子，故有赐死而亡戮辱。是以黥劓之辜不及大夫，以其离主上不远也。礼不敢齿君之路马，蹴其刍者有罚。见君之几杖则起，豫君之乘车则下，入正门则趋。君之宠臣虽或有过，刑戮之辜不加其身者，尊君之故也。此所以为主上豫远不敬也，所以体貌大臣而厉其节也。今自王侯三公之贵，皆天子之所改容而礼之也，古天子之所谓伯父伯舅也。而今与众庶同黥劓髡刖笞僇弃市之法，然则堂不亡陛乎，被戮辱者不泰迫乎？廉耻不行，大臣无乃握重权大官而有徒隶亡耻之心乎？夫望夷之事，二世见当以重法者，投鼠而不忌器之习也。臣闻之，履虽鲜不加于枕，冠虽敝不以苴履。夫尝已在贵宠之位，天子改容而体貌之矣，吏民尝俯伏以敬畏之矣；今而有过，帝令废之可也，退之可也，赐之死可也，灭之可也。若夫束缚之，系绁之，输之司寇，编之徒官，司寇小吏詈骂而榜笞之，殆非所以令众庶见也。夫卑贱者习知尊贵者之一旦吾亦乃可以加此也，非所以习天下也，非尊尊贵贵之化也。夫天子之所尝敬，众庶之所尝宠，死而死耳，贱人安宜得如此而顿辱之哉？①

---

① 《汉书》卷四八《贾谊传》。

当时因为丞相绛侯周勃被告谋反，收狱严治，最后证明为诬告，方才释出。这件事（西前176年）是贾谊发牢骚的引线。贾谊对于这种事实认得很清楚，但对它的意义并未明了。他所用的比喻也不妥当。皇帝的堂并不因没有陛级而降低，他的堂实在是一座万丈高台，臣民都俯伏在台下。皇帝的地位较前提高，臣民的地位较前降低，贾谊所说的古代与汉代的分别，实在就是阶级政治与个人政治的分别。先秦君主对于大臣的尊敬是因为大臣属于特殊的权利阶级。阶级有相当的势力，不是君主所能随意支配。到秦汉时代真正的特权阶级已完全消灭，人民虽富贵贫贱不同，但没有一个人是属于一个有法律或政治保障的固定权利阶级的。由此点看，战国时代可说是一个过渡时代。在性质上，战国时代已演化到君国独裁的个人政治的阶段。但一方面因为春秋时代的传统残余，一方面因为列国竞争下人才的居奇，所以君主对臣下仍有相当的敬意。但这种尊敬只能说是手段，并不是理所当然的事。秦汉统一，情势大变，君主无需再存客气，天下万民的生命财产在皇帝前都无保障。由人类开化以来，古有阶级分明的权利政治与全民平等的独裁政治。此外除于理想家的想象中，人类并未发现第三种可能的政治。一切宪法的歧异与政体的花样不过都是门面与装饰品而已。换句话说，政治社会生活总逃不出多数（平民）为少数（特权阶级）所统治或全体人民为一人所统治的两种方式。至于孰好孰坏，只能让理想家去解决。

皇帝既然如此崇高，臣民既然如此卑微，两者几乎可说不属于同一物类。臣民若属人类，皇帝就必属神类。汉代的皇帝以至后妃都立庙祭祀。高帝时令诸侯王国京都皆立太上皇庙。①高帝死后惠帝令郡国诸侯各立高祖庙，以岁时祠。②惠帝尊高祖庙为太祖庙，景帝尊文帝庙为太宗庙，行所尝幸郡国各立太祖太宗庙。宣帝又尊武帝庙为世宗庙，行所巡狩皆立世宗庙。至西汉末年祖宗庙在六十八郡国中共一百六十七所。长安自高祖至宣帝以及太上皇悼皇考（宣帝父）各自居陵立庙旁，与郡国庙合为一百七十六所。又园中各有寝便殿。日祭于寝，月祭于庙，时祭于便殿。寝，每日上食四次。庙，每年祭祀二十五次。便殿，每年祠四次。此外又有皇后太子庙三十所。总计每岁的祭祀，上食二万四千四百五十五份，用卫士四万五千一百二十九人，祝宰乐人一万二千一百四十七人。③皇帝皇室的神化可谓达于极点！

不只已死的皇帝为神，皇帝生时已经成神，各自立庙，使人崇拜。文帝自立庙，称顾成庙。景帝自立庙，为德阳。武帝生庙为龙渊，昭帝生庙为徘徊，宣帝生庙为乐游，元帝生庙为长寿，成帝生庙为阳池。④

---

① 《汉书》卷七三《韦玄成传》。
② 《史记》卷八《高祖本纪》。
③ 《汉书》卷七三《韦玄成传》。
④ 《汉书》卷四《文帝纪》四年注。

中国文化与中国的兵

　　皇帝皇室的庙不只多，并且祭祀的礼节也非常繁重，连专司宗庙的官往往也弄不清，因而获罪。[①]繁重的详情已不可考，但由上列的统计数目也可想见一个大概。这种神化政策，当时很遭反对。详情我们虽然不知，反对的人大概不是儒家根据古礼而反对，就是一般人不愿拿人当神看待而反对。所以"高后时患臣下妄，非议先帝宗庙寝园官，故定著令，敢有擅议者弃市"[②]。这种严厉的禁令直到元帝毁庙时方才取消。

　　这种生时遍地立庙的现象，当然是一种政策，与宗教本身关系甚少。古代的政治社会完全崩溃，皇帝是新局面下唯一维系天下的势力。没有真正阶级分别的民众必定是一盘散沙，团结力日渐减少以至于消灭。命定论变成人心普遍的信仰，富贵贫贱都听天命，算命看相升到哲学的地位。[③]这样的民族是最自私自利、最不进取的。别人的痛苦与自己无关，团体的利害更无人顾及，一切都由命去摆布。像墨子那样极力非命的积极人生观已经消灭，现在只有消极怠惰的放任主义。汉代兵制之由半征兵制而募兵制，由募兵以至于无兵而专靠羌胡兵，[④]是人民日渐散漫，自私自利心发达，命定论胜利的铁证。现在只剩皇帝一人为民众间的唯一连锁，并且民

①　《汉书》卷七三《韦玄成传》。
②　《汉书》卷七三《韦玄成传》。
③　王充《论衡·途遇篇》《累害篇》《命禄篇》《偶会篇》《治期篇》《命义篇》《骨相篇》《初禀篇》。王符《潜夫论·正列篇》《相列篇》。荀悦《申鉴·俗嫌篇》。
④　《汉书》卷一下《高帝纪下》注，卷七《昭帝纪》注。《后汉书》卷一下《光武帝纪下》建武七年正文及注，卷五三《窦宪传》。

138

众间是离心力日盛、向心力日衰的，所以连锁必须非常坚强才能胜任。以皇帝为神，甚至生时即为神，就是加强他的维系力的方法。天下如此之大，而皇帝只有一人，所以皇帝皇室的庙布满各地是震慑人心的一个巧妙办法。经过西汉二百年的训练，一般人民对于皇帝的态度真与敬鬼神的心理相同。皇帝的崇拜根深蒂固，经过长期的锻炼，单一的连锁已成纯钢，内在的势力绝无把它折断的可能。若无外力的强烈压迫，这种皇帝政治是永久不变的。

不过这种制度不是皇帝一人所能建立，多数人民如果反对，他必难成功。但这些消极的人民即或不拥护，最少也都默认。五德终始说与封禅主义是一种历史定命论。到汉代这种信仰的势力愈大，大家也都感觉到别无办法，只有拥戴一个独裁的皇帝是无办法中的办法。他们可说都自愿地认皇帝为天命的统治者。后代真龙天子与《推背图》的信仰由汉代的谶纬都可看出。[1]所以皇帝的制度可说是由皇帝的积极建设与人民的消极拥护所造成的。

六、废庙议与皇帝制度之完全成立

到西汉末年，繁重不堪的立庙制度已无存在的必要，因为它的目的已经达到。况且儒家对于宗庙本有定制，虽有汉初的严厉禁令，儒家对这完全不合古礼的庙制终久必提出抗

---

[1] 《汉书》卷九九《王莽传》；《后汉书》卷一《光武帝纪》。

中国文化与中国的兵

议。所以元帝时（西前48至前33年）贡禹就提议：

> 古者天子七庙。今孝惠孝景庙皆亲尽宜毁。及郡国
> 庙不应古礼，宜正定。①

永光四年（西前40年）元帝下诏，先议罢郡国庙：

> 朕闻明王之御世也，遭时为法，因事制宜。往者天
> 下初定，远方未宾，因尝所亲以立宗庙。盖建威销萌，
> 一民之至权也。今赖天地之灵，宗庙之福，四方同轨，
> 蛮貊贡职；久遵而不定，令疏远卑贱共承尊祀，殆非皇
> 天祖宗之意。朕甚惧焉！传不云乎："吾不与祭，如不
> 祭。"其与将军列侯中二千石诸大夫博士议郎议！②

由这道诏命我们可见，当初的广建宗庙是一种提高巩固
帝权的方策，并且这种方策到西前40年左右大致已经成功，
已没有继续维持的必要。诸臣计议，大多主张废除，遂罢郡
国庙及皇后太子庙。同年又下诏议京师亲庙制。大臣议论纷
纷，莫衷一是，此事遂暂停顿。此后二年间（西前39至前38
年）经过往返论议，宗庙大事整理，一部分废罢，大致遵古

---

① 《汉书》卷七三《韦玄成传》。
② 《汉书》卷七三《韦玄成传》。

140

代儒家所倡的宗庙昭穆制。①

毁庙之后，元帝又怕祖宗震怒，后来（西前34年）果然生病，"梦祖宗谴罢郡国庙"，并且皇弟楚孝王所梦相同。丞相匡衡虽向祖宗哀祷，并愿独负一切毁庙的责任，元帝仍是不见痊可。结果二年间（西前34至前33年）把所废的庙又大多恢复，只有郡国庙废罢仍旧。元帝一病不起（西前33年），所恢复的庙又毁。②自此以后，或罢或复，至西汉末不定。③但郡国庙总未恢复。

光武中兴，因为中间经过王莽的新朝，一切汉制多无形消灭。东汉时代，除西京原有之高祖庙外，在东京另立高庙。此外别无他庙，西汉诸帝都合祭于高庙。光武崩后，明帝为在东京立庙，号为世祖庙。此后东汉诸帝未另立庙，只藏神主于世祖庙。所以东汉宗庙制可说较儒家所传的古礼尚为简单。④

这种简单的庙制，正如上面所说，证明当初的政策已经成功，皇帝的地位已无摇撼的危险。在一般人心理中皇帝真与神明无异，所以繁复的祭祀反倒不再需要。因为皇帝的制度已经确定稳固，所以皇帝本人的智愚或皇朝地位的强弱反倒是无关紧要的事。和帝（西元89至105年）并非英明的皇

---

① 详情见《汉书》卷九《元帝纪》及卷七三《韦玄成传》。
② 《汉书》卷九《元帝纪》及卷七三《韦玄成传》。
③ 《汉书》卷二五下《郊祀志下》。
④ 《后汉书》卷一九《祭祀志下》。

中国文化与中国的兵

帝，当时外戚宦官已开始活跃，汉室以至中国的大崩溃也见萌芽，适逢外戚窦宪利用羌胡兵击破北匈奴，为大将军，威震天下。当时一般官僚自尚书以下"议欲拜之，伏称万岁"，只有尚书令韩棱正色反对："夫上交不谄，下交不黩。礼无人臣称万岁之制！"议者皆惭而止。[①]这虽是小掌故，最可指出皇帝的地位已经崇高到如何的程度。"万岁"或"万寿"本是古代任人可用的敬祝词，《诗经》中极为普通。汉代对于与皇帝有关的事物，虽有种种的专名，[②]一如秦始皇所定的"朕"之类，但从未定"万岁"为对皇帝的专用颂词。所以韩棱所谓"礼无人臣称万岁之制"实在没有根据，然而"议者皆惭而止"，可见当时一般的心理以为凡是过于崇高的名词只能适用于皇帝，他人不得僭妄擅用。礼制有否明文并无关系。

七、后言

此后二千年间皇帝个人或各朝的命运与盛衰虽各不同，然而皇帝的制度始终未变。汉末魏晋南北朝时代皇帝实权削弱，隋唐复盛，宋以下皇帝的地位更为尊崇。到明代以下人民与皇帝真可说是两种物类了，不只皇帝自己是神，通俗小说中甚至认为皇帝有封奇人或妖物为神的能力。这虽是平民

---

① 《后汉书》卷七五《韩棱传》。
② 蔡邕《独断》。

的迷信，却是由秦汉所建立的神化皇帝制度产生出来的，并非偶然。这也或者是人民散漫的程度逐代加深的证据。不过这些都是程度深浅的身外问题，皇帝制度本身到西汉末年可说已经完全成立，制度的本质与特性永未变更。

这个制度，正如我们上面所说，根深蒂固，由内在的力量方面讲，可说是永久不变的，只有非常强烈的外来压力才能将它摇撼。二千年间，变动虽多，皇帝的制度始终稳固如山。但近百年来的西洋政治、经济、文化的势力与前不同，是足以使中国传统文化根本动摇的一种强力。所以辛亥革命，由清室一纸轻描淡写的退位诏书，就把这个战国诸子所预想，秦始皇所创立，西汉所完成，曾经维系中国二千余年的皇帝制度，以及三四千年来曾笼罩中国的天子理想，一股结束。废旧容易，建新困难。在未来中国的建设中，新的元首制度也是一个不能避免的大问题。

无兵的文化

（一）政治制度之凝结

（二）中央与地方

（三）文官与武官

（四）士大夫与流氓

（五）朝代交替

（六）人口与治乱

（七）中国与外族

著者前撰《中国的兵》，友人方面都说三国以下所讲的未免太简，似乎有补充的必要。这种批评著者个人也认为恰当。但二千年来的兵本质的确没有变化。若论汉以后兵的史料正史中大半都有兵志，正续通考中也有系统的叙述，作一篇洋洋大文并非难事。但这样勉强叙述一个空洞的格架去凑篇幅，殊觉无聊。反之，若从侧面研究，推敲二千年来的历史有什么特征，却是一个意味深长的探求。

秦以上为自主自动的历史，人民能当兵，肯当兵，对国家负责任。秦以下人民不能当兵，不肯当兵，对国家不负责任，因而一切都不能自主，完全受自然环境（如气候、饥荒等等）与人事环境（如人口多少、人才有无、与外族强弱等等）的支配。

秦以上为动的历史，历代有政治社会的演化更革。秦以下为静的历史，只有治乱骚动，没有本质的变化，在固定的环境之下，轮回式的政治史一幕一幕地更迭排演，演来演去总是同一出戏，大致可说是汉史的循环发展。

这样一个完全消极的文化，主要的特征就是没有真正的兵，也就是说没有国民，也就是说没有政治生活。为简单起见，我们可以称它为"无兵的文化"。无兵的文化，轮回起伏，有一定的法则，可分几方面讨论。

一、政治制度之凝结

历代的政治制度虽似不同，实际只是名义上的差别。官制不过是汉代的官制，由一朝初盛到一朝衰败期间官制上所发生的变化，也不能脱离汉代变化的公例。每朝盛期都有定制，宰相的权位尤其重要，是发挥皇权的合理工具，甚至可以限制皇帝的行动。但到末世，正制往往名存实亡，正官失权，天子的近臣如宦官、外戚、幸臣、小吏之类弄权专政，宰相反成虚设。专制的皇帝很自然地不愿信任重臣，因为他们是有相当资格的人，时常有自己的主张，不见得完全听命。

近臣地位卑贱，任听皇帝吩咐，所以独尊的天子也情愿委命寄权，到最后甚至皇帝也无形中成了他们的傀儡。

例如汉初高帝、惠帝、吕后、文帝、景帝时代的丞相多为功臣，皇帝对他们也不得不敬重。他们的地位巩固，不轻易被撤换。萧何在相位十四年，张苍十五年，陈平十二年，这都是后代少见的例。萧何、曹参、陈平、灌婴、申屠嘉五个丞相都死在任上，若不然年限或者更长。[①]

丞相在自己权限范围以内的行动，连皇帝也不能过度干涉。例如申屠嘉为相，一日入朝，文帝的幸臣邓通在皇帝前恃宠怠慢无礼，丞相大不满意，向皇帝发牢骚：

> 陛下幸爱群臣，则富贵之。至于朝廷之礼，不可以不肃！

文帝只得抱歉地答复："君勿言，吾私之。"但申屠嘉不肯放松，罢朝之后回相府，正式下檄召邓通，并声明若不即刻报到就必斩首。邓通大恐，跑到皇帝前求援，文帝叫他只管前去，待危急时必设法救应。邓通到相府，免冠赤足顿首向申屠嘉谢罪，嘉端坐自如，不肯回礼，并声色俱厉地申斥一顿：

---

① 俱见《汉书》卷一九下《百官公卿表下》。

147

中国文化与中国的兵

> 夫朝廷者，高皇帝之朝廷也。通小臣，戏殿上，大
> 不敬，当斩！史今行斩之！

"大不敬"在汉律中是严重的罪名，眼看就要斩首。邓通顿首不已，满头出血，申屠嘉仍不肯宽恕。文帝计算丞相的脾气已经发作到满意的程度，于是遣使持节召邓通，并附带向丞相求情："此吾弄臣，君释之！"邓通回去见皇帝，一边哭，一边诉苦："丞相几杀臣！"[1]

这幕活现的趣剧十足地表明汉初丞相的威风，在他们行使职权的时候连皇帝也不能干涉，只得向他们求情。后来这种情形渐渐变化。武帝时的丞相已不是功臣，因为功臣已经死尽。丞相在位长久或死在任上的很少，同时有罪自杀或被戮的也很多。例如李蔡、庄青翟、赵周、公孙贺、刘屈氂都不得善终。[2]并且武帝对丞相不肯信任，相权无形减少。丞相府原有客馆，是丞相收养人才的馆舍。武帝的丞相权小，不能多荐人，客馆荒凉，无人修理；最后只得废物利用，将客馆改为马厩、车库或奴婢室！[3]

武帝似乎故意用平庸的人为相，以便于削夺相权。例如田千秋本是关中高帝庙的卫寝郎，无德无才，只因代卫太子诉冤，武帝感悟，于是就拜千秋为大鸿胪，数月之间拜相封

---

① 《汉书》卷四二《申屠嘉传》。
② 《汉书》卷五八《公孙弘传》，卷六六《公孙贺传》《刘屈氂传》。
③ 《汉书》卷五八《公孙弘传》。

侯。一言而取相位，这是连小说家都不敢轻易创造的奇闻。这件事不幸又传出去，贻笑外国。汉派使臣聘问匈奴，单于似乎明知故问：

闻汉新拜丞相。何用得之？

使臣不善辞令，把实话说出，单于讥笑说：

苟如是，汉置丞相非用焉也，妄一男子上书即得之矣！

这个使臣忠厚老实，回来把这话又告诉武帝。武帝大怒，认为使臣有辱君命，要把他下吏治罪。后来一想不妥当，恐怕又要贻笑大方，只得宽释不问。①

丞相的权势降低，下行上奏的文件武帝多托给中书谒者令。这是皇帝左右的私人，并且是宦官。这种小人"领尚书事"，丞相反倒无事可做。武帝晚年，卫太子因巫蛊之祸自杀，昭帝立为太子，年方八岁，武帝非托孤不可。于是就以外戚霍光为大司马大将军领尚书事，受遗诏辅政。②大司马大将军是天下最高的武职，领尚书事就等于"行丞相事"，是天下最高的政权。武帝一生要削减相权，到晚年有意无意间反

---

① 《汉书》卷六六《车千秋传》。
② 《汉书》卷六《武帝纪》，卷六八《霍光传》。

把相权与军权一并交给外戚。从此西汉的政治永未再上轨道。皇帝要夺外戚的权柄就不得不引用宦官或幸臣，最后仍归失败，汉的天下终被外戚的王莽所篡。至于昭帝以下的丞相，永久无声无臭，大半都是老儒生，最多不过是皇帝备顾问的师友，并且往往成为贵戚的傀儡。光武中兴，虽以恢复旧制相标榜，但丞相旧的地位永未恢复，章帝以后的天下又成了外戚宦官交互把持的局面。

后代官制的变化，与汉代如出一辙。例如唐朝初期三省的制度十分完善。尚书省总理六部行政事宜，尚书令或尚书仆射为正宰相。门下侍中可称为副宰相，审查诏敕，并得封驳奏钞诏敕。中书令宣奉诏敕，也可说是副宰相。但高宗以下天子左右的私人渐渐用"同中书门下平章事"的名义夺取三省的正权，这与汉代的"领尚书事"完全相同。①

唐以后寿命较长的朝代也有同样的发展。宋代的制度屡次改革，但总的趋势也与汉唐一样。南渡以后，时常有临时派遣的御营使或国用使一类的名目，操持宰相的实权。明初有中书省，为宰相职。明太祖生性猜忌，不久就废宰相，以殿阁学士勉强承乏。明朝可说是始终没有宰相，所以宦官才能长期把持政治。明代的演化也与前代相同，不过健全的宰相当权时代未免太短而已。满清以外族入主中国，制度和办法都与传统的中国不全相同，晚期又与西洋接触，不得不稍

---

① 《新唐书》卷四六《百官志一》，卷四七《百官志二》。

微摹仿改制。所以清制与历来的通例不甚相合。

历朝治世与乱世的制度不同，丞相的权位每有转移。其时间常发生一个有趣的现象：就是前代末期的乱制往往被后代承认为正制。例如尚书、中书、门下三省，乃是汉末魏晋南北朝乱世的变态制度；但唐代就正式定它为常制。枢密院本是唐末与五代的反常制度，宋朝也定它为正制。但这一切都不过是名义。我们研究历代的官制，不要被名称所误。两代可用同样的名称，但性质可以完全不同。每代有合乎宪法的正制，有小人用事的乱制。各朝的正制有共同点，乱制也有共同点；名称如何，却是末节。盛唐的三省等于汉初的丞相，与汉末以下演化出来的三省全不相同。以此类推，研究官制史的时候就不至被空洞的官名所迷惑了。

二、中央与地方

宰相权位的变化，二千年间循环反复，总演不出新的花样。变化的原动力是皇帝与皇帝左右的私人，与天下的人民毫不相干。这在一个消极的社会是当然的事。

中央与地方的关系，秦汉以下也有类似的定例。太平时代中央政府大权在握，正如秦汉的盛世一样。古代封建制度下的阶级到汉代早已消灭。阶级政治过去后，按理可以有民众政治出现；但实际从古至今在任何地方也没有发生过真正的全民政治，并且在阶级消灭后总是产生个人独裁的皇帝政治，没有阶级的社会，无论在理论上如何美善，实际上总是一盘散沙。个人、家族以及地方的离心力非常强大，时时刻刻有使天下瓦解的危险。社会中并没有一个健全的向心力，只有专制的皇帝算是勉强沙粒结合的一个不很自然的势力。地方官必须由皇帝委任，向皇帝负责；不然天下就要分裂混乱。并且二千年来的趋势是中央集权的程度日愈加深。例如汉代地方官只有太守是直接由皇帝任命，曹掾以下都由太守随意选用本郡的人。南北朝时，渐起变化。隋就正式规定大小地方官都受命于朝廷，地方官回避乡土的制度无形成立。[①]若把这种变化整个认为是由于皇帝或吏部愿意揽权，未免因果倒置。主要的关系恐怕还是因为一般的人公益心日衰，自私心日盛，在本乡做官弊多利少，反不如外乡人还能比较公平客观。所以与其说皇帝愿意绝对集权，不如说他不得不绝对集权。

乱世的情形正正相反。帝权失坠，个人、家族与地方由于自然的离心力又恢复了本质的散沙状态。各地豪族、土官、流氓、土匪的无理的专制代替了皇帝一人比较合理的专制。汉末三国时代与安史乱后的唐朝和五代十国都是这种地方官专擅的好例；最多只维持一个一统的名义，往往名义上也为割据。例如唐的藩镇擅自署吏，赋税不解中央，土地私相授受，甚至传与子孙。[②]这并不是例外，以前或以后的乱世也无

---

① 顾炎武《日知录》卷八《掾属》。
② 《新唐书》卷五〇《兵志》，卷二一〇《藩镇列传》。

不如此。在这种割据时代人民受的痛苦，由民间历来喜欢传诵的"宁作太平犬，勿作乱世民"的话可以想见。乱世的人无不希望真龙天子出现，因为与地方小朝廷的地狱比较起来，受命王天下的政治真是天堂。

宋以下好似不大见到割据的局面，但这只是意外原因所造出的表面异态，北宋未及内部大乱，中原就被外族征服。南宋也没有得机会形成内部割据，就被蒙古人吞并。这都是外来的势力使中国内部不得割据的例证。元末汉人驱逐外族，天下大乱，临时又割据起来。明末流寇四起，眼看割据的局面就要成立，恰巧满清入关，中国又没有得内部自由捣乱。清末民初割据的局面实际已经成立，只因在外族势力的一方面威胁、一方面维持之下，中国不得不勉强摆出一个统一的面目。所以在北京政府命令不出国门的时候，中国名义上仍是一个大一统的中华民国。最近虽略有进步，这种情形仍未完全过去。所以宋以下历史的趋势与从前并无分别；只因外族势力太大，内在的趋势不得自由活动而已。

三、文官与武官

文官、武官的相互消长也与治乱有直接的关系。盛世的文官重于武官，同品的文武二员，文员的地位总是高些。例如汉初中央三公中的丞相高于太尉，地方的郡守高于郡尉，

全国的大权一般讲来也都操在文吏的手中。①又如唐初处宰相
地位的三省长官全为文吏，军权最高的兵部附属于尚书省，
唐制中连一个与汉代太尉相等的武官也没有。②

独裁的政治必以武力为最后的基础。盛世是皇帝一人的
武力专政，最高的军权操于一手，皇帝的实力超过任何人可
能调动的武力。换句话说，皇帝是大军阀，实力雄厚，各地
的小军阀不敢不从命。但武力虽是最后的条件，直接治国却
非用文官不可；文官若要合法的行政，必须不受皇帝以外任
何其他强力的干涉支配；若要不受干涉，必须有大强力的皇
帝做后盾。所以治世文胜于武，只是一般的讲；归结到最后，
仍是强力操持一切。这个道理很明显，历史上的事实也很清
楚，无需多赘。中国历史上最足以点破这个道理的就是宋太
祖杯酒解兵权的故事：

> 乾德初，帝因晚朝与守信等饮酒。酒酣，帝曰："我
> 非尔曹不及此，然吾为天子殊不若为节度使之乐。吾终
> 夕未尝安枕而卧！"
>
> 守信等顿首曰："今天命已定，谁复敢有异心？陛下
> 何为出此言邪？"
>
> 帝曰："人孰不欲富贵？一旦有以黄袍加汝之身，虽

---

① 《汉书》卷一九上《百官公卿表上》。
② 《新唐书》卷四六《百官志一》，卷四七《百官志二》。

154

欲不为，其可得乎？"

守信等谢曰："臣愚不及此，唯陛下哀矜之！"

帝曰："人生驹过隙尔，不如多积金帛田宅以遗子孙，歌儿舞女以终天年，君臣之间无所猜嫌，不亦善乎？"

守信谢曰："陛下念及此，所谓生死而肉骨也！"

明日皆称病，乞解兵权。帝从之，皆以散官就第，赏赉甚厚。①

　　宋初经过唐末五代的长期大乱之后，求治的心甚盛，所以杯酒之间大军阀能授小军阀的势力消灭。此前与此后的开国皇帝没有这样便宜，他们都须用残忍的诛戮手段或在战场上达到他们的目的。

　　乱世中央的大武力消灭，离心力必然产生许多各地的小武力。中央的军队衰弱，甚至消灭；有力的都是各地军阀的私军。这些军阀往往有法律的地位，如东汉末的州牧都是朝廷的命官，但实际却是独立的军阀。②唐代的藩镇也是如此。此时地方的文官仍然存在，但都成为各地军阀的傀儡，正如盛世的文官都为大军阀（皇帝）的工具一样。名义上文官或仍与武官并列，甚或高于武官；但实情则另为一事。例如民国初年各省有省长，有督军，名义上省长高于督军；但省长

━━━━━━━━━━

① 《宋史》卷二五〇《石守信传》。
② 《后汉书》卷一〇四《袁绍传》。

的傀儡地位在当时是公开的秘密。并且省长常由督军兼任，更见得省长的不值钱了。

乱世军阀的来源，古今也有公例。最初的军阀本多是中央的巡察使，代中央监察地方官，本人并非地方官。汉的刺史州牧当初是巡阅使，并非行政官。[1]唐代节度使的前身有各种的监察使，也与汉的刺史一样。后来设节度使，兵权虽然提高，对地方官仍是处在巡阅的地位；只因兵权在握，才无形中变成地方官的上司。[2]这种局面一经成立，各地的强豪、土匪，以及外族都可趁火打劫而成军阀。如汉末山贼张燕横行河北诸郡，朝廷不能讨，封为平难中郎将，领河北诸山谷事，每年并得举孝廉。[3]唐末天下大乱，沙陀乘机发展，以致引起后日五代时期的沙陀全盛局面。[4]这些新军阀都是巡察官的军阀制度成立后方才出现的。

四、士大夫与流氓

在一盘散沙的社会状态下，比较有组织的团体，无论组织如何微弱或人数如何稀少，都可操纵一般消极颓靡的堕民。中国社会自汉以下只有两种比较强大的组织，就是士大夫与流氓。

————————

① 《汉书》卷一九上《百官公卿表上》。
② 《新唐书》卷五〇《兵志》，卷二一〇《藩镇列传》。
③ 《后汉书》卷一〇一《朱俊传》。
④ 《新唐书》卷二一八《沙陀传》。

士大夫团体的萌芽，远在战国时代。古代的贵族政治破裂，封建的贵族被推翻，在政治上活动的新兴人物就是智识分子，在当时称为游说之士。但在战国时代百家争鸣，游说之士并非一个纯一而有意识的团体。这种团体的实现是汉武帝废百家，崇儒术，五经成为做官捷径后的事。隋唐以下，更加固定的科举制度成立，愈发增厚士大夫的团结力量。儒人读同样的书，有同样的目标，对事有同样的态度，并且因为政治由他们包办，在社会上他们又多是大地主，所以他们也可说有共同的利益。虽无正式的组织，他们实际等于一个政党，并且是唯一的政党。由此点看，一党专政在中国倒算不得稀奇！皇帝利用儒人维持自己的势力，儒人也依靠皇帝维持他们的利益。这些士大夫虽不是一个世袭的贵族阶级，却是唯一有共同目标的团体，所以人数虽少，也能操纵天下的大局。

但士大夫有他们特殊的弱点。以每个分子而论，他们都是些文弱的书生，兵戎之事全不了解，绝对不肯当兵。太平盛世他们可靠皇帝与团体间无形的组织维持自己的势力。天下一乱，他们就失去自立自主的能力，大权就移到流氓的手中。士大夫最多只能守成，并无应付变局的能力。每次天下大乱时士大夫无能为力的情形就暴露无遗。乱世士大夫的行为几乎都是误国祸国的行为，古今绝少例外。他们的行为不外三种。第一是无谓的结党误国。东汉末的党祸，宋代的新旧党争，明末的结党，是三个最明显的例。三例都是在严重的内忧或外患之下的结党营私行为。起初的动机无论是否纯粹，到后来都成为意气与权力的竞争；大家都宁可误国，也不肯牺牲自己的意见与颜面，当然更不肯放弃自己的私利。各党各派所谈的都是些主观上并不诚恳、客观上不切实际的高调。①

乱世士大夫的第二种行为就是清谈。一般的高调当然都可说是清谈，但典型的例却是魏晋时代的清静无为主义。胡人已经把凉州、并州、幽州（略等于今日甘肃、山西、河北三省）大部殖民化，②中国的内政与民生也到了山穷水尽的时候，一些负政治责任的人与很多在野的人仍在谈玄，这可说是一种逃避现实的行为。③今日弄世丧志的小品幽默文字，与一知半解的抄袭西洋各国的种种主义与盲目的号呼宣传，可说是两种不同的20世纪式的清谈。

乱世士大夫的第三种行为就是做汉奸。做汉奸固然不必需要士大夫，但第一等的汉奸却只有士大夫才有资格去做。刘豫与张邦昌都是进士出身，洪承畴也是进士。近年的例可无需列举了。

流氓团体与士大夫同时产生。战国时代除游说之士外，还有游侠之士。他们都肯为知己的人舍身卖命，多为无赖游民出身；到汉代皇帝制度成立后，费了九牛二虎之力才把侠

---

① 除正史外，可参考赵翼《廿二史札记》卷五、卷二六、卷三五。
② 《晋书》卷五六《江统传》，卷九七《匈奴传》。
③ 赵翼《廿二史札记》卷八。

士太公开的自由行动大致铲除。①但这种风气始终没有消灭，每逢乱世必定抬头。由东汉时起，流民也有了组织，就是宗教集团。最早的例就是黄巾贼。②松散的人民除对家族外，很少有团结的能力。只有利用宗教的迷信与神秘的仪式才能使民众团结。由东汉时代起，历代末世都有类似黄巾贼的团体出现。黄巾贼的宣传，提出"苍天已死，黄天当立；岁在甲子，天下大吉"似通不通的神秘口号。唐末黄巢之乱，也倡出黄应代唐的妖言。③元末白莲教盛行一时，④明代（尤其明末）历批的流寇仍多假借白莲教或其他邪教的名义。⑤满清末季的白莲教、天理教、八卦教⑥以及义和团都是这类的流氓、愚民与饿民的团体。流氓是基本分子，少数愚民被利用，最后饿民大批入教。一直到今日，在报纸上还是时常发现光怪陆离的邪教在各地活动。但二千年来的流氓秘密组织是否有一线相传的历史，或只是每逢乱世重新产生的现象，已无从稽考了。

太平时代，流氓无论有组织与否，都没有多大的势力。但唯一能与士大夫相抗的却只有这种流氓团体。梁山泊式劫富济贫、代天行道的绿林好汉，虽大半是宣传与理想，但多

———————————

① 《汉书》卷九二《游侠列传》。
② 《后汉书》卷一〇一《皇甫嵩传》。
③ 《新唐书》卷二二五下《黄巢传赞》。
④ 《明史》卷一二二《韩林儿传》。
⑤ 赵翼《廿二史札记》卷三六《明代先后流贼》。
⑥ 魏源《圣武记》卷一〇。

少有点事实的根据。强盗、窃贼、扒手、赌棍以及各种各类走江湖的帮团的敲诈或侵略的主要对象就是士大夫。流氓的经济势力在平时并不甚强，但患难相助的精神在他们中间反较士大夫间发达，无形中增加不少的势力。

流氓团体也有它的弱点。内中的分子几乎都是毫无知识的人，难成大事。形式上的组织虽较士大夫为强，然而实际也甚松散，《水浒》中的义气只是理想化的浪漫故事。真正大规模的坚强组织向来未曾实现过，所以在太平时代流氓不能与士大夫严重对抗，并且往往为士大夫所利用：大则为国家的武官或捕快，小则为士大夫个人的保镖。由流氓团体的立场来看，这是同类相残的举动，可说是士大夫"以夷制夷"政策成功的表现。

但遇到乱世，士大夫所依靠的皇帝与组织失去效用，流氓集团就可临时得势。天下大乱，大则各地割据的土皇帝一部为流氓头目出身，小则土匪遍地，官宪束手，各地人民以及士大夫都要受流氓地痞的威胁与侵凌。人民除正式为宫廷纳税外，还须法外地与土匪纳保险费，否则身家财产都难保障。士大夫为自保起见，往往被迫加入流氓集团，为匪徒奔走，正如太平时代士大夫的利用流氓一样。以上种种的情形，对民国初期的中国人都是身经、目睹或耳闻的实情，无需举例。

流氓虽然愚昧，但有时也有意外的成就。流氓多无知，流氓集团不能成大事；但一二流氓的头目因老于世故，知人善任，于大乱时期间或能成伟人，甚至创造帝业。汉高祖与明太祖是历史上有名的这类成功人物。但这到底是例外，并且他们成事最少一部分须靠士大夫的帮助，成事之后更必须靠士大夫的力量保守成业，天下的权力于是无形中又由流氓移到士大夫的手里。

五、朝代交替

"话说天下大势，分久必合，合久必分。"谁都知道这是《三国志演义》的开场白，也可说是二千年来中国历史一针见血的口诀。一治一乱之间，并没有政治社会上真正的变化，只有易姓王天下的角色更换。我们在以上各节所讲的都是治世与乱世政治社会上各种不同的形态，但没有提到为何会有这种循环不已的单调戏剧。朝代交替的原因或者很复杂，但主要的大概不外三种，就是皇族的颓废，人口的增长与外族的迁徙。

第一种是个人的因素，恐怕不很重要；但因传统的史籍上多偏重这一点，我们不妨略为谈及。皇族的颓废化是一个自然的趋势，有两方面：一是生物学的或血统的，一是社会学的或习惯的。任何世袭的阶级，无论人数多少，早晚总要遇到一个无从飞渡的难关，就是血统上的退化。从古至今没有一个贵族阶级能维持长久，原因虽或复杂，但血统的日趋退化必是一个很重要的原因。法国革命前的贵族都是新贵，中古的贵族都已死净或堕落。今日英国的贵族能上溯到法国

161

革命时代的已算是老资格的了。至于贵族中的贵族（王族或皇族）因受制度的维护，往往不至短期间就死净或丧失地位，但血统上各种不健全的现象却无从避免。百年战争时代（14与15世纪间）的法国王族血统中已有了深重的神经病苗。今日欧洲各国的王族几乎没有一个健全的；只因实权大多不操在王手，所以身体上与神经上的各种缺陷无关紧要。但中国自秦汉以下是皇帝专制的局面，皇帝个人的健全与否对于天下大局有很密切的关系。低能或愚昧的皇帝不只自己可走错步，他更容易受人包围利用。中国历代乱时几乎都有这种现象。至于血统退化的原因，那是生物学与优生学的问题，本文无需离题多赘。

皇族的退化不只限于血统，在社会方面皇帝与实际的人生日愈隔离，也是一个大的弱点。创业的皇帝无论是否布衣出身，但总都是老经世故、明了社会情况的领袖，所以不至受人愚弄。后代的皇帝生长在深宫之中，从生到死往往没有见过一个平民的面孔，对人民的生活全不了解。例如晋惠帝当天下荒乱，百姓饿死的时候，曾说："何不食肉糜？"①法国革命时巴黎饿民发生面包恐慌，路易第十六世的美丽王后也曾问过："他们为何不吃糕饼？"这样的一个皇帝，即或身心健全，动机纯粹，也难以合理地治理国家，必不免为人包围利用；若再加上血统的腐化，就更不必说了。

---

① 《晋书》卷四《惠帝纪》。

皇族的退化只是天下大乱的一个次要原因。由中国内部的情形来讲，人口的增长与生活的困难恐怕是主要的原因。这个问题非常重要，下面另辟一节讨论。由外部的情形来讲，气候的变化与游牧民族的内侵是中国朝代更换的主要原因。大地上的气候似乎是潮湿期与干燥期轮流当位。潮湿期农产比较丰裕，生活易于维持，世界上各民族间不致有惊人的变动。干燥期间土著地带因出产减少，民生日困。并且经过相当长的潮湿期与太平世之后，人口往往已达到饱和状态，农收丰裕已难维生，气候若再忽然干燥，各地就立刻要大闹饥荒。所以内在的因素已使土著地带趋向混乱。同时沙漠或半沙漠地带的游牧民族因气候骤变，生活更难维持；牛羊大批的饿死，寄生的人类也就随着成了饿殍。游牧民族在平时已很羡嫉土著地带的优裕生活，到了非常时期当然要大批地冲入他们心目中的乐国。古今来中国的一部或全部被西北或东北的外族征服，几乎都在大地气候的干燥时期。这绝不是偶然的事。[1]中国被外族征服是二千年来历史上的一件重大公案，下面也另节引申讨论。

六、人口与治乱

食料的增加有限，人口的增加无穷，这在今日已是常识。

---

[1] 关于气候变化与游牧民族迁徙的问题，可参考 Ellsworth Huntington 教授的各种著作，最重要的是 *Civilization and Climate*，*The Pulse of Asia*，*Character of Races*。

163

中国文化与中国的兵

一切生物都自然地趋向于无限的繁殖，中国传统的大家族制度与"不孝有三，无后为大"的香火主义使人口增加的速度更加提高。一家数十口，靠父祖的遗产坐吃山空，都比赛着娶妻生子。甚至没有遗产或遗产甚少，但数十口中若有一二人能够生产，全家就都靠这一二人生活繁殖。所以在小家庭的社会被淘汰的废人游民，在中国也都积极地参加人口制造的工作。并且按人类生殖的一般趋势，人愈无用生殖愈多，低能儿之生儿育女的能力远超常人，生殖似乎是废人唯一的用处与长处。所以中国不只人口增加得特别快，并且人口中的不健全分子的比例恐怕也历代增加。这大概是二千年来中国民族的实力与文化日愈退步的一个主要原因。

中国到底能养多少人口，是一个难以解答的问题。人口的统计向来不甚精确。先秦时代可以不论，由汉至明的人口，按官家的统计，最盛时也不过六千万左右，大乱之后可以减到一二千万。但这个数目恐怕太低。中国自古以来的人丁税与徭役制度使人民都不肯实报户口；若说明以上中国的人口向来没有达到过七千万，这是很难置信的。由满清时代的人口统计，可以看出前代的记载绝不可靠。①康熙五十年（西元

---

① 汉代人口最盛时五千九百万（《汉书》卷二八上《地理志下》）。这数目或者还大致可靠。一、因当时的农业方法尚甚幼稚（《汉书》卷二四上《食货志上》）。二、因今日广东、广西、福建、云南、贵州与四川一部的广大区域方才征服，尚未开发。三、因长江流域一带也没有发展到后日的程度。大概汉时承继古代法治的余风，政治比较上轨道，人民也比较地肯负责，大致准确的人口统计还不是绝对办不到的事。至于唐代人口最盛时只有五千万的记载，绝不可信；此后历代的统计就更不值一顾了。

164

1711年）的人口为二千四百万。五十一年，颁"盛世滋生人丁"的诏书，从此以后人丁赋以康熙五十年为准，这实际等于废人丁税。雍正时代田租与丁赋合并，可说是正式废除人丁税。从此户口实报已无危险，人口的统计不致像前代的虚妄。十年以后，康熙六十年（西元1721年），增到二千七百万。此后增加的速率渐渐达到好像不可信的惊人程度。二十八年后，乾隆十四年（西元1749年），人口忽然加到前古未有一万七千七百万的高度，较前增加了六倍半。二十八年也不过是一世的期间，中国生殖率虽然高，也绝无高到这种程度的道理；显然是前此许多隐瞒的人口现在都出头露面了。再过十年，乾隆二十四年（西元1759年），就有一万九千四百万。再过二十四年，乾隆四十八年（西元1783年），就有二万八千四百万，将近三万万的人口高潮了。①此时社会不安的现象渐渐抬头，高宗逊位之后就发生川楚教匪的乱事，可见饭又不够吃的了。自此以后，至今一百四十年间社会总未安定，大小的乱事不断地发生。所以就拿中国传统极低的生活程度为标准，三万万的人口是中国土地的生产能力所能养的最高限度。历代最高六千万的统计，大概是大打折扣的结果，平均每五人只肯报一人。

至于今日四万万以至五万万的估计，大致也离实情不远。

———————————

① 关于历代人口的统计，除散见于正史《地理志》或《食货志》诸篇外，最方便的参考书就是《文献通考》卷一○至一一《户口考》、《续文献通考》卷一二至一四《户口考》、《清朝文献通考》卷一九至二○《户口考》。

这个超过饱和状态的人口是靠外国粮食维持的。近年来每年六万万元的入超中，总有二万万元属于米麦进口，都市中的人几乎全靠外国粮食喂养，乡间也有人吃洋饭。这在以农立国的中华是生民未有的变态现象。今日的中国好比一个坐吃山空的大破落户，可吃的东西早已吃净，现在专靠卖房卖田以至卖衣冠鞋袜去糊口，将来终有一天产业吃光，全家老小眼看饿死。[1]

历代人口过剩时的淘汰方法，大概不出三种，就是饥荒、瘟疫与流寇的屠杀。人口过多，丰收时已只能勉强维持；收成略减，就要大闹饥荒。饥荒实际有绝对的与相对的两种。广大的区域中连年不雨或大雨河决，这是绝对的饥荒，人口不负责任。但中国每逢乱世必有的饥荒不见得完全属于这一类，最少一部分是人口过剩时收成稍微减少人民就成千累万地饿死。

瘟疫与饥荒往往有连带的关系。食料缺乏，大多数人日常的营养不足，与病菌相逢都无抵抗的能力，因而容易演成大规模的传播性瘟疫。试看历代正史的《本纪》中，每逢末世饥荒与瘟疫总是相并而行，这也绝非偶然的事。

饥荒与瘟疫可说是自然的淘汰因素，人为的因素就是流

---

[1] "兵在精，不在多"，谁都承认。一讲到人口，一般的见解总以为是多多益善。这是不思的毛病。南京中国地理学会出版的《地理学报》第二卷第二期(民国二十四年六月)中有胡焕庸教授《中国人口之分布》一文，可代表多数人的开明见解，注意中国人口问题的人都当一读。

寇。流寇在二千年来的中国历史上地位非常重要，甚至可说是一种必需的势力。民不聊生，流寇四起，全体饿民都起来夺食，因而互相残杀。赤眉贼、黄巾贼、黄巢、李自成、张献忠是最出名的例。但流寇不见得都是汉人，西晋末的五胡乱华也可看作外族饿民的流寇之祸。

在民乱初起时，受影响的只限于乡间，但到大崩溃时城市与乡间一同遭殃。例如西晋永嘉之乱时，

> 长安城中户不盈百，墙宇颓毁，蒿棘成林。朝廷无车马章服，唯桑版署号而已。众惟一旅，公私有车四乘。[1]

长安城中的人民或死亡，或流散。至于乡间的情形，据永嘉间的并州刺史刘琨的报告：

> 臣自涉州疆，目睹困乏，流移四散，十不存二；携老扶弱，不绝于路。及其在者，鬻卖妻子，生相捐弃；死亡委厄，白骨横野，哀呼之声，感伤和气。群胡数万，周匝四山，动足遇掠，开目睹寇。唯有壶关可得告籴，而此二道九州之险，数人当路，则百夫不敢进。公私往返，没丧者多，婴守穷城，不得薪采；耕牛既尽，又乏田器。

---

[1] 《晋书》卷五《愍帝纪》。

167

后来刘琨转战到达晋阳（今太原），只见"府寺焚毁，僵尸蔽地，其有存者饥羸无复人色。荆棘成林，豺狼满道"①。城乡人口一并大减。历史中所谓"人民十不存一二"或者说得过火，但大多数人民都死于刀兵水火或饥饿，是无可怀疑的。

民间历代都有"劫"的观念，认为天下大乱是天命降劫收人。这种民间迷信实际含有至理。黄巢的杀人如麻，至今还影射在民族心理的戏剧中。黄巢前生本为目连，因往地狱救母，无意中放出八百万饿鬼；所以他须托生为收人的劫星，把饿鬼全部收回。凡该被收的人，无论藏在什么地方，也逃不了一刀。这就是所谓"黄巢杀人八百万，在劫难逃"。这种神秘说法实际代表一个惨痛的至理。那八百万人（黄巢直接与间接所杀的恐怕还不只此数），无论当初是否饿鬼，但实际恐怕大多数是饿民或候补的饿民，屠杀是一个简直了当的解决方法。②

历代人口的增减有一个公式，可称为大增大减律。增加时就增到饱和点甚至超饱和点，减少时就减到有地无人种、有饭无人吃的状态。人口增多到无办法时，由上到下都感到生活困难；官吏受了生活恐慌心理的影响，日愈贪污，苛捐杂税纷至沓来。民间的壮健分子在饥寒与贪污的双层压迫下，多弃地为匪，或入城市经营小本工商，或变成无业的流民与

---

① 俱见《晋书》卷六二《刘琨传》。
② 《新唐书》卷二二五《黄巢传》。黄巢的八百万饿鬼中还有不少的洋鬼！见张星烺教授《中西交通史料汇篇》第三册第二九节。

乞丐。弃地日多，当初的良田一部成为荒地，生产愈少，饥荒愈多。盗匪遍地之后，凡不愿死于饥荒或匪杀的农民，也多放弃田地，或入城市，或为盗匪。荒地愈多，生产愈少，生产愈少，饥荒愈甚；饥荒愈甚，盗匪愈多，盗匪愈多，荒地愈广。这个恶圈最后一定发展到良民与盗匪无从辨别的阶段，这就是流寇的阶段。

长期的酝酿之后，人口已经减少，再加最后阶段的流寇屠杀，当初"粥少僧多"的情形必一变而成"有饭无人吃"的局面。至此天下当然太平，真龙天子也就当然出现。大乱之后，土地食料供过于求，在相当限度以内人口可再增加而无饥荒的危险。所以历史上才有少则数十年、多则百年的太平盛世：西汉初期的文景之治，东汉初期的中兴之治，唐初的贞观之治，清代康熙乾隆间的百年太平，都是大屠杀的代价所换来的短期黄金境界。生活安逸，社会上争夺较少，好弄词藻的文人就作一套"路不拾遗，夜不闭户"的理想文章来点缀这种近于梦幻的境界。

但这种局面难以持久。数十年或百年后，人口又过剩，旧的惨剧就须再演一遍。

七、中国与外族

二千年来外族在中国历史上的地位非常重要。在原则上，中国盛强就征服四夷，边境无事，中国衰弱时或气候骤变时游牧民族就入侵扰乱，甚或创立朝代。但实际二千年来中国

中国文化与中国的兵

一部或全部大半都在外祸之下呻吟。五胡乱华与南北朝的三百年间，中原是外族的地盘。后来隋唐统一，中国算又自主。但隋与盛唐前后尚不到二百年，安史之乱以后，由肃宗到五代的二百年间，中原又见胡蹄时常出没，五代大部是外族扰攘的时期。北宋的一百六七十年间，中国又算自主，但国防要地的燕云终属于契丹，同等重要的河西之地又属西夏。南宋的一百五十年间，北方又成了女真的天下。等到女真已经汉化之后，宋金同归于尽，一百年间整个的中国是蒙古大帝国的一部，这是全部中国的初次被征服。明朝是盛唐以后汉族唯一的强大时代，不只中国本部完全统一，并且东北与西北两方面的外族也都能相当地控制。这种局面勉强维持了约有二百年，明末中国又渐不能自保，最后整个的中国又第二次被外族征服。二百年后，满人已经完全汉化，海洋上又出现了后来居上的西洋民族。鸦片一战以后，中国渐渐成为西洋人的势力，一直到今天。

中国虽屡次被征服，但始终未曾消灭，因为游牧民族的文化程度低于中国，入主中国后大都汉化。只有蒙古人不肯汉化，[①]所以不到百年就被驱逐。游牧民族原都尚武，但汉化之后，附带的也染上汉族的文弱习气，不能振作，引得新的外族又来内侵。蒙古人虽不肯汉化，但文弱的习气却已染上，所以汉人不很费力就把他们赶回沙漠。

———————————

① 赵翼《廿二史札记》卷三〇。

170

鸦片战争以下，完全是一个新的局面。新外族是一个高等文化民族，不只不肯汉化，并且要同化中国。这是中国有史以来所未曾遭遇过的紧急关头，唯一略为相似的前例就是汉末魏晋的大破裂时代。政治瓦解到不可收拾的地步，因而长期受外族的侵略与统治。旧文化也衰弱僵化，因而引起外来文化势力的入侵，中国临时完全被佛教征服，南北朝时代的中国几乎成了印度中亚文化的附庸。但汉末以下侵入中国的武力与文化是分开的，武力属于五胡，文化属于印度。最近一百年来侵入中国的武力与文化属于同一的西洋民族，并且武力与组织远胜于五胡，文化也远较佛教为积极。两种强力并于一身而向中国进攻，中国是否能够支持，很成问题。并且五胡与佛教入侵时，中国民族的自信力并未丧失，所以仍能得到最后的胜利：五胡为汉族所同化，佛教为旧文化所吸收。今日民族的自信力已经丧失殆尽，对传统中国的一切都根本发生怀疑。这在理论上可算为民族自觉的表现，可说是好现象。但实际的影响有非常恶劣的一方面：多数的人心因受过度的打击都变为麻木不仁，甚至完全死去，神经比较敏捷的人又大多盲目地崇拜外人，捉风捕影，力求时髦，外来的任何主义或理论都有它的学舌的鹦鹉。这样说来，魏晋南北朝的局面远不如今日的严重，我们若要找可作比较的例证，还须请教别的民族的历史。

古代的埃及开化后，经过一千余年的酝酿，在西前1600年左右全国统一，并向外发展，建设了一个大帝国，正如中国的秦汉时代一样。这个帝国后来破裂，时兴时衰，屡次被野蛮的外族征服，但每次外族总为埃及所同化。这正与中国由晋至清的局面相同。最后于西前525年埃及被已经开化的波斯人征服，埃及文化初次感到威胁。但波斯帝国不能持久，二百年后埃及又为猛进的希腊人所征服。从此埃及文化渐渐消灭，亚历山大利亚后来成为雅典以外最重要的希腊文化城。从此经过罗马帝国时代，埃及将近千年是希腊文化的一部分。最后在西元639至643年间，埃及又为回教徒的阿拉伯人所征服，就又很快地阿拉伯化，一直到今天埃及仍是阿拉伯文化的一部分。今日在尼罗河流域只剩有许多金字塔与石像还属于古埃及文化。宗教以及风俗习惯都已阿拉伯化，古文字也早已被希腊文与阿拉伯文前后消灭，直到19世纪才又被西洋人解读明白，古埃及的光荣历史才又被人发现。

古代的巴比伦与埃及的历史几乎同时，步骤也几乎完全一致，也是在统一与盛强后屡次被野蛮的外族征服，但外族终被同化。后来被波斯征服，就渐渐波斯化，最后被阿拉伯人征服同化。今日在两河流域的古巴比伦地已经找不到一个巴比伦人，巴比伦的文字也是到19世纪才又被西洋的考古学家解读明白的。

中国是否也要遭遇古代埃及与巴比伦的命运？我们二千年来的一切是否渐渐都要被人忘记？我们的文字是否也要等一二千年后的异族天才来解读？但只怕汉文一旦失传，不是任何的天才所能解读的！这都是将来的事，难以武断地肯定或否定。但中国有两个特点，最后或有救命的效能，使它不致遭遇万劫不复的悲运。中国的地面广大，人口众多，与古埃及、巴比伦的一隅之地绝不可同日而语。如此广大的特殊文化完全消灭，似非易事。但现代战争利器的酷烈也为前古所未有，西洋各国宣传同化的能力也是空前的可怕，今日中国人自信力的薄弱也达到了极点，地大人多似乎不是十分可靠的保障。

另外一个可能的解救中国文化的势力就是中国的语言文字。汉文与其他语文的系统都不相合，似乎不是西洋任何的语文所能同化的。民族文化创造语言文字，同时语言文字又为民族文化所寄托，两者有难以分离的关系。语言文字若不失掉，民族必不至全亡，文化也不至消灭。阿拉伯人所同化的古民族中，只有波斯人没有失去自己的语言文字，所以今日巴比伦人与埃及人已经绝迹于天地间，但波斯地方居住的仍是波斯人，他们除信回教之外，其他都与阿拉伯人不同。并且他们所信的回教是阿拉伯人所认为异端的派别，这也是波斯人抵抗阿拉伯文化侵略的表现。这种抵抗能力最少一部分是由于语言文字未被同化。西洋文化中国不妨尽量吸收，实际也不得不吸收，只要语言文字不贸然废弃，将来或者终有消化新养料而复兴的一天。

中国文化的两周

（一）正名

（二）中国史的分期

（三）中国史与世界史的比较

断代是普通研究历史的人所认为一个无关紧要的问题。试看一般讲史学方法的书，或通史的叙论中，对此问题都有一定的套语，大致如下：

> 历史上的变化都是积渐的，所有的分期都是为研究的便利而定，并非绝对的。我们说某一年为两期的分界年，并不是说某年的前一年与后一年之间有截然不同之点，甚至前数十年与后数十年之间也不见得有很大的差别。我们若把这个道理牢记在心，就可分历史为上古、中古、近代三期而不致发生误会了。

175

这一类的话在西洋的作品中时常遇到，近年来在中国也很流行一时。话都很对，可惜都不中肯要。历史就是变化，研究历史就为的是明了变化的情形。若不分期，就无从说明变化的真相。宇宙间的现象，无论大小，都有消长的步骤；人类文化也脱离不了宇宙的范围，也绝不是一幅单调的平面图画。但因为多数研究的人不注意此点，所以以往的分期方法几乎都是不负责任的，只粗枝大叶地分为上古、中古、近代，就算了事。西洋人如此，中国人也依样画葫芦。比较诚恳一点的人再细分一下，定出上古、中古、近古、近世、近代、现代一类的分期法，就以为是独具匠心了。这种笼统的分法比不分期也强不了许多，对于变化的认清并没有多大的帮助。不分期则已；若要分期，我们必须多费一点思索的功夫。

一、正名

"名不正则言不顺"这一句话，很可移用在今日中国史学界的身上。无论关于西洋史或中国史，各种名义都不严正，这是断代问题所以混乱的一个主要原因。我们若先将各种含意混沌的名词弄清，问题就大半解决了。

西洋史上古、中古、近代的正统分期法，是文艺复兴时代的产物。当时的文人对过去数百年以至千年的历史发生了反感，认为自己的精神与千年前的罗马人以至尤前的希腊人较为接近，与方才过去的时代反倒非常疏远。他们奉希腊罗马的文献为经典（Classics），现在为这种经典的复兴时代（Renaissance），两期中间的一段他们认为是野蛮人，尤其是戈特人的时代（Barbarous 或 Gothic），或黑暗时代（Dark Ages），恨不得把它一笔勾销。他们只肯认为这是两个光明时代之间的讨厌的中间一段，甚至可说是隔断一个整个的光明进展的障碍物，除"野蛮""戈特"或"黑暗"之外，他们又称它为"中间时代"①，字中含有讥讽厌弃的意义。希腊罗马就称为经典时代（Classical Ages），又称为古代或上古（Antiquity）。"经典"当然是褒奖的名词。连"古代"也有美的含意。他们那时的心理也与中国汉以下的情形一样，认为"古"与"真美善"是一而二，二而一的。因为崇拜"古"，所以"古代"就等于"理想时代"或"黄金时代"。至于他们自己这些崇拜"古代"的人就自称为"摩登时代"或新时代（Modern Age）。所谓"摩登"与近日一般的见解略有不同，并不是"非古"，而是"复古"的意思，是一个"新的古代"或"新的经典时代"，或"经典复兴的时代"。

这种说法并不限于一人，也不倡于一人，乃是文艺复兴时代的普遍见解。虽然不久宗教改革运动发生，宗教信仰又盛极一时，但文艺复兴与人物崇拜古代的心理始终没有消灭，历史的三段分法也就渐渐被人公认，直到今日西洋史学界仍为这种分法所笼罩。虽不妥当，在当初这种分法还可勉强自

---

① Mediaeval，为拉丁文"中间"（Medius）与"时代"（Aevum）二字合成。

中国文化与中国的兵

圆其说。"上古"限于希腊罗马；关于埃及、巴比伦和波斯，除与希腊罗马略为发生关系外，他们只由《圣经》中知道一点事实，在正统的历史作品中对这些民族一概置诸不理。19世纪以下情形大变。地下的发掘增加了惊人的史料与史实，和出乎意料的长期时代。这些都在希腊罗马之前，虽不能称为"经典时代"，却可勉强称为"古代"。地下的发掘愈多，"古代"拉得愈长。到今日，古代最少有四千年，中古最多不过千年，近代只有四五百年。并且把希腊罗马与中古近代的历史打成一片，虽嫌牵强，还可办到。但地下发现的史实太生硬，除了用生吞活剥的方法之外，万难与传统的历史系统融合为一。专讲埃及史或巴比伦史，还不觉得为难；一乎希求完备的通史，就感到进退窘迫。凡读通史的人，对希腊以前时间非常长而篇幅非常短的一段都有莫明其妙的感想，几万言或十几万言读过之后，仍是与未读之前同样的糊涂，仍不明白这些话到底与后来的发展有什么关系。近年来更变本加厉，把民族血统完全间断、文化系统线索不明的新石器时代与旧石器时代也加上去，[1]甚至有人从开天辟地或天地未形之先讲起，[2]愈发使人怀疑史学到底有没有范围，是否一种大而无外的万宝囊。

---

① 新石器时代的人类与近人大概有血统的关系，虽然同一地的新石器人类不见得一定是后来开化人类的祖先，文化系统也不见得是一线相传。至于旧石器时代的人类，与近人并不是同一的物种。
② H.G.Wells 的 *Outline of History* 是最早最著名的例。近年来东西各国效颦的人不胜枚举。

178

西洋人这种不加深思的行动，到中国也就成了金科玉律，我们也就无条件地认"西洋上古"为一个神怪小说中无所不包的乾坤如意袋。西洋人自己既然如此看法，我们也随着附和，还有可说；但摹仿西洋，把中国史也分为三段，就未免自扰了。中国从前也有断代的方法，不过后来渐渐被人忘记。在《易·系辞》中已有"上古""中古"的名称，"上古"是指"穴居野处，结绳而治"的时代，"中古"是指殷周之际，所谓"殷之末世，周之盛德"的纣与文王的时代。[①]以此类推，西周以下当为近代。若求周备，可称西周为"近古"，就是荀子所谓"后王"的时代，[②]礼乐崩坏，"世风日下""人心不古"的春秋战国可称"近世"或"近代"。这大体可代表战国诸子的历史观与历史分期法。秦汉以下，历史的变化较少，一般人生长在不变之世，对于已往轰轰烈烈的变化，渐渐不能明了，史学于是也变成历朝历代的平面叙述。断代的问题并不发生，因为清楚的时代观念根本缺乏。

19世纪西学东渐以后，国人见西洋史分为三段，于是就把中国史也尔样划分。战国诸子的分法到今日当然已不适用，于是就参考西洋的前例，以先秦时代为上古，秦汉至五代为中古，宋以下为近代。再完备的就以宋为近古，元、明、清

---

① 见《易·系辞》下。
② 见《荀子》卷三《非相篇》第五，卷五《王制篇》第九。《韩非子》卷一九《五蠹篇》第四九以有巢燧人的二代为上古，以尧舜禹之世为中古，以商周为近古，与《荀子》略异。

中国文化与中国的兵

为近代，近百年为现代。此外大同小异的分期法，更不知有多少。这种分期法倡于何人，已无可考，正如西洋史的三段分法由何人始创的不可考一样。①但西洋史的三段分法，若把希腊以前除外，还勉强可通；至于中国史的三段分法或五六段分法，却极难说得圆满。

近年来中国史的上古也与西洋史的上古遭了同样的命运。中国古代的神话史本来很长，但一向在半信半疑之间，并不成严重的问题。近来地下发现了石器时代的遗物，于是中国史戴上了一顶石头帽子。这还不要紧。北京猿人发现之后，有些夸大习性未除的国人更欢喜欲狂，认为科学已证明中国历史可向上拉长几十万年。殊不知这种盗谱高攀的举动极为可笑，因为北京猿人早已断子绝孙，我们决不会是他的后代。由史学的立场来看，北京人的发现与一个古龙蛋的发现处在同等的地位，与史学同样的毫不相干。据今日所知，旧石器时代各种不同的人类早已消灭，唯一残留到后代的塔斯玛尼亚人（Tasmanians）到19世纪也都死尽。②新石器时代的人到底由何而来，至今仍为人类学上的一个未解之谜；是由旧石器时代的人类演变而出，或由他种动物突变而出，全不可知。新石器时代的文化是否由旧石器时代蜕化而出，也无人能断定；新旧两石器时代的人类似乎不是同一的物种，两者之间

---

① 若详细搜索清末的文字，或者可找到创始的人。但这种事殊不值得特别费时间去做；将来或有人无意中有所发现。
② 见 W.J.Sollas 著 *Ancient Hunters* 第四章。

180

能否有文化的传达，很成问题。新石器的人类与今日的人类属于同一物种，文化的线索也有可寻，但不见得某一地的新石器时代人类就是同地后来开化人类的祖先，某一地的新石器文化也不见得一定与同地后来的高等文化有连带的关系。因为我们日常习用"中国史""英国史""欧洲史"一类的名词，无意之间就发生误会，以为一块地方就当然有它的历史。由自然科学的立场来看，地方也有历史，但那是属于地质学与自然地理学的范围的，与史学本身无关。地方与民族打成一片，在一定的时间范围以内，才有历史。民族已变，文化的线索已断，虽是同一地方，也不是同一的历史。这个道理应当很明显，但连史学专家也时常把它忽略。无论在中国或西洋，"上古史"的一切不可通的赘疣都由这种忽略而发生。所以关于任何地方的上古史或所谓"史前史"，即或民族文化都一贯相传，最早也只能由新石器时代说起，前此的事实无论如何有趣，也不属于史学的范围。这是第一个"正名"的要点。

人类史的最早起点既已弄清，此后的问题就可简单许多。在中国时常用的名词，除"中国史"之外，还有"世界史""外国史"与"西洋史"三种名称。"世界史"按理当包括全人类，但平常用起来多把中国史除外，所以"世界史"等于"外国史"。至于"外国史"与"西洋史"有何异同，虽没有清楚的说法，但大致可以推定。我们可先看"西洋史"到底何指。"西洋"是一个常用的名词，但若追问"西洋"的时间与空间的范围，恐怕百人中不见得有一人能说清。若说西洋史为欧洲史，当初以东欧为中心的土耳其帝国制度文物的发展是否西洋史的一部分？若是，为何一般西洋史的书中对此一字不提；若不是，土耳其帝国盛时的大部显然在欧洲。西历前的希腊与近数百年的希腊是否同一的属于西洋的范围？若说欧洲与地中海沿岸为西洋，起初不知有地中海的古巴比伦人为何也在西洋史中叙述？回教到底是否属于西洋？若不属西洋，为何一切西洋中古史的书中都为它另辟几章？若属于西洋，为何在西洋近代史的书中，除不得不谈的外交关系外，把回教完全撇开不顾？欧洲新石器时代的文化与埃及文化有何关系？埃及已经开化之后，欧洲仍在新石器时代，但西洋通史的书中为何先叙述欧洲本部的石器文化，然后跳过大海去讲埃及？这些问题，以及其他无数可以想见的问题，不只一般人不能回答，去请教各种西洋史的作者，恐怕也得不了满意的答复。

"西洋"（The West 或 The Occident）一词在欧美人用来，意义已经非常含混，到中国就更加空泛。我们若详为分析，就可看出"西洋"有三种不同的意义，可称为泛义的、广义的与狭义的。狭义的西洋专指中古以下的欧西，就是波兰以西的地方，近四百年来又包括新大陆。东欧部分，只讲它与欧西的政治外交关系，本身的发展并不注意，可见东欧并不属于狭义的西洋的范围。这是以日耳曼民族为主所创造的文化。我们日常说话用"西洋"一词时，心目中大半就是指着这个狭义的西洋。

广义的西洋，除中古与近代的欧西之外，又加上希腊罗马的所谓经典文化，也就是文艺复兴时代的所谓上古文化。讲思想、学术、文艺的发展的书中，与学究谈话时所用的"西洋"，就是这个广义的西洋。

泛义的西洋，除希腊罗马与欧西外，又添上回教与地下发掘出来的埃及、巴比伦，以及新石器时代，甚至再加上欧洲的旧石器时代。这是通史中的西洋，除了作通史的人之外，绝少这样泛用名词的。

对于希腊以前的古民族，欧美人往往半推半就，既不愿放弃，又不很愿意直截了当地称它们为"西洋"，而另外起名为"古代的东方"（The Ancient East 或 The Ancient Orient）。但希腊文化最初的中心点在小亚细亚，与埃及处在相同的经线上，为何埃及为"东"而希腊为"西"，很是玄妙。回教盛时，西达西班牙，却也仍说它是"东方"。同时，西洋通史又非把这些"东方"的民族叙述在内不可，更使人糊涂。总之，这都是将事实去迁就理论的把戏。泛义的西洋实际包括埃及、巴比伦、希腊罗马、回教、欧西五个独立的文化，各有各的发展步骤，不能勉强牵合。至于欧洲的新石器时代，与这些文化有何关系，是到今日无人能具体说明的问题。这五个独立的文化在时间上或空间上或有交互的关系，但每个都有自立自主的历史，不能合并叙述。若勉强合讲，必使读者感觉头绪混乱。我们读西洋上古史，总弄不清楚，就是因为这个道理；中古史中关于回教的若即若离的描写，往往也令人莫测高深。把几个独立的线索，用年代先后的死办法，硬编成一个线索，当然要使读者越读越糊涂了。

欧西的人尽量借用希腊罗马的文献，当经典去崇拜，所以两者之间较比任何其他两个文化，关系都密切。但推其究竟，仍是两个不同的个体。希腊罗马文化的重心在小亚细亚西岸与希腊半岛，意大利半岛的南部处在附属的地位，北部是偏僻的野地，地中海沿岸其他各地只是末期的薄暮地带。今日希腊半岛的民族已不是古代的希腊民族，今日的意大利人也更不是古代的罗马人。真正的希腊人与罗马人已经消灭。至于欧西文化的重心，中古时代在意大利北部与日耳曼，近代以英、法、德三国最为重要。希腊半岛与欧西文化完全无关，最近百年才被欧西所同化。上古比较重要的意大利南部也始终处在附属的地位。地中海南岸与欧西文化也完全脱离关系。创造欧西文化的，以日耳曼人为主体，古罗马人只贡献一点不重要的血统。连今日所谓拉丁民族的法兰西、意大利、西班牙人中也有很重要的日耳曼成分；称它们为拉丁民族，不过是因为他们的语言大体是由古拉丁语蜕化而出。希腊罗马文化与欧西文化关系特别密切，但无论由民族或文化重心来看，都绝不相同。其他关系疏远的文化之间，当然更难找同一的线索了。这是"正名"工作的第二种收获，使我们知道西洋一词到底何指。狭义的用法，最为妥当；广义的用法，还可将就；泛义的用法，绝要不得。

日常所谓"西洋史"既包括五个不同的文化，在人类所创造的独立文化中，除新大陆的古文化不计外，只有两个未包括在内，就是中国与印度。所以我们平常所谓"外国史"或"世界史"只比"西洋史"多一个印度。若因印度人与"西洋人"都属于印欧种而合同叙述，"外国史"或"世界史"就与"西洋史"意义相同了。这是"正名"的第三种收获，使我们知道三个名词的异同关系。

文化既是个别的，断代当然以每个独立的文化为对象，不能把几个不同的个体混为一谈而牵强分期。每个文化都有它自然发展消长的步骤，合起来讲，必讲不通；若把人类史认为是一个纯一的历史，必致到处碰壁，中国的殷周时代当然与同时的欧洲或西亚的历史性质完全不同，中古时代的欧西与同时的希腊半岛也背道而驰。我们必须把每个文化时间与空间的范围认清，然后断代的问题以及一切的史学研究才能通行无阻。这是"正名"的第四种收获，使我们知道人类历史并不是一元的，必须分开探讨。互相比较，当然可以；但每个文化的独立性必须认清。

在每个文化的发展中，都可看出不同的时代与变化。本文对中国特别注意，把中国史分期之后，再与其他文化相互比较，看看能否发现新的道理。

二、中国史的分期

中国四千年来的历史可分为两大周。第一周，由最初至西元383年的淝水之战，大致是纯粹的华夏民族创造文化的时期，外来的血统与文化没有重要的地位。第一周的中国可称为古典的中国。第二周，由西元383年至今日，是北方各种胡族屡次入侵，印度的佛教深刻地影响中国文化的时期。无论在血统上或文化上，都起了大的变化。第二周的中国已不是当初纯华夏族的古典中国，而是胡汉混合、梵华同化的新中国，一个综合的中国。虽然无论在民族血统上或文化意识上，都可说中国的个性并没有丧失，外来的成分却占很重要的地位。为方便起见，这两大周可分开来讲。

华夏民族的来源，至今仍是不能解决的问题。我们只能说，在西前3000至前2000年间，后日华夏民族的祖先已定居在黄河流域一带。至于当初就居住此地，或由别处移来，还都是不能证明的事。在整个的第一周，黄河流域是政治文化的重心，长江流域处在附属的地位，珠江流域到末期才加入中国文化的范围。第一周，除所谓史前期之外，可分为五个时代：

（1）封建时代（西前1300至前771年）；

（2）春秋时代（西前770至前473年）；

（3）战国时代（西前473至前221年）；

（4）帝国时代（西前221至西元88年）；

（5）帝国衰亡与古典文化没落时代（西元88至383年）。

在西前3000年以后，黄河流域一带，北至辽宁与内蒙，渐渐进入新石器文化的阶段。除石器之外，还有各种有彩色与无彩色的陶器最足代表此期的文化。无彩色的陶器中有的与后来铜器中的鬲与鼎形状相同，证明此期与商周的铜器时代有连接的文化关系。与新石器时代遗物合同发现的骸骨与后世的华夏人，尤其北方一带的人，大致相同，证明此期的人已是后日华夏民族的祖先。[1]

这些原始的中国人分部落而居，以渔猎或畜牧为生，但一种幼稚的农业，就是人类学家所谓锄头农业（Hoe Culture），已经开始。在西前2000年左右，这些部落似乎已进入新石器时代的末期，就是所谓金石并用期。除石器、骨器、陶器之外，人类又学会制造铜器。农业的地位日趋重要，与农业相并进行的有社会阶级的产生。人民渐渐分为贵族巫祝的地主与平民的佃奴两个阶级。这种阶级的分别直延到封建的末期，才开始破裂。部落间的竞争，继续不断，当初成百成千的部落数目逐渐减少。到西前1700年左右，或略前，有两个强大的部落出现，就是夏与商。夏当初大概比较盛强，许多小部落都承认它为上国。所以"夏""华夏"或"诸夏"就成了整个民族的种名。但商是夏的死敌，经过长期的竞争之后，在西前1600年左右，商王成汤灭夏，所有的部落都被臣服，最早松散的半封建帝国，部落组成的帝国，由此成立。可惜此后三百年间的经过，我们完全不知道。但我们可断定，在西

---

[1]　Black，D. 著 *The Human Skeletal Remains from Sha Kuo T'un, A Note on the Physical Characters of the Prehistoric Kansu Race*。

前1600年左右必已有一个比较可靠的历法，否则农业不能发达。同时必已发明文字，因为自成汤以下历代的王名都比较可靠，并且传于后代。

据《竹书纪年》，在西前1300年盘庚迁殷。这是中国历史上第一个比较确定的年代，可认为封建时代的开始。关于前此三百年，我们只知商王屡次迁都；但此后三百年殷总是商王势力的中心。这或者证明前三百年间商王的共主地位只是名义上的。因势力不稳，而时常被迫迁都。或因其他的关系迁都；但因为势力微弱才能因小故而迁都，若势力稳固就不能轻易迁动国本。到盘庚时真正的封建制度与封建帝国才算成立，已不是许多实际独立的部落所组成的松散帝国。商王是所有部落的共主，又称天子，势力最少可达到一部分的部落之内，或者有少数的部落是被商王征服之后又封建亲信的人的。但无论当初的部落，或后封的诸侯，内政则大致自由，诸侯的地位都是世袭的。

后来周兴起于西方，据《竹书纪年》，于西前1027年灭商，代商为天子。武王周公相继把东方的领土大部征服，然后封子弟功臣为诸侯。所以周王的势力大于前此的商王，周的封建帝国也较商为强。但整个的制度仍是封建的，天子只直接统辖王畿，诸侯在各国仍是世袭自治的。

约在西前900年左右，封建帝国渐呈裂痕。诸侯的势力日愈强大，上凌共主的天子，下制国内的贵族。经过长期的大并小、强兼弱之后，少数的大国实际变成统一的国家与独立的势力，天子不能再加干涉。西前860年左右厉王即位，想要压迫诸侯，恢复旧日的封建帝国。这种企图完全失败，在西前842年，厉王自己也被迫退位。此后十四年间王位空虚，诸侯更可任意发展。迨宣王（西前827至前782年）即位之后，诸侯已非王力所能制服。戎人屡屡寇边，内中有诸侯的阴谋也未可知。宣王最后败于戎人，不能再起。幽王（西前781至前771年）的情形更为狼狈，最后并被戎人所杀。整个的西部王畿临时都遭戎人蹂躏。平王（西前770至前720年）不得已而东迁，封建共主的周王从此就成了傀儡。我们已进到列国为政治重心的春秋时代。

封建时代的精神生活为宗教所包办。自然界的各种现象都被神化。风伯、雨师、田祖、先炊、河伯以及无数其他的神祇充满天地间。最高的有无所不辖的上帝，与上帝相对的有地上最高灵祇的后土。除此之外，人与神的界限并不严明。所有贵族的人死后都成神，受子孙的崇拜。

"春秋"本是书名，书中纪年由西前722至前481年。但我们若完全为一本书所限，又未免太迁。若由西前722年起，此前的五十年将成虚悬，无所归宿。以西前481年为终点，还无不可，因为西前5世纪初期的确是一个剧变的时期。但那一年并没有特殊的大事发生。此后三十年间可纪念的事很多，都可作为时代的终点。西前479年，孔子死；前477年，田桓割齐东部为封邑，田齐实际成立；前473年，越灭吴；前464年，《左传》终；前453年，《国策》始，就是韩、赵、魏灭智氏，三晋实际成立的一年。这都值得注意。《通鉴》始于韩、赵、魏正式为诸侯的前453年，认为战国的始点，略嫌太晚。我们定越灭吴的前473年为春秋战国之间的划界年，原因下面自明。

东迁以后，实际独立的列国并争，开始有了一个国际的局面。齐、晋、秦、楚四方的四个大国特别盛强，中原的一群小国成了大国间争夺的对象。这种争夺就是所谓争霸或争盟。大小诸国在名义上仍都承认周王的共主地位，但天子的实权早已消灭，他的唯一功用就是正式承认强力者为霸主。当初齐桓晋文相继独霸中原。但楚国日趋盛强，使这种独霸的局面不能维持。秦在春秋时代始终未曾十分强大，齐自桓公死后也为二等国，天下于是就成了晋楚争盟的均势局面。中原的北部大致属晋，南部大致属楚。

这些竞争的列国，内部大体都已统一。封建的贵族虽仍存在，诸侯在各国内部都已成了最高的实力者，贵族只得在国君之下活动，帮助国君维持国力。平民仍未参政，在国君的统治之下贵族仍包揽政治。所以春秋可说是封建残余的时代。但贵族的势力，在各国之间也有差别。例如在秦、楚二国，贵族很为微弱；在晋国贵族势力就非常强大，世卿各有封土，国君只有设法维持世卿间的均势才能保障自己的地位。但这种办法终非长久之策，最后世卿实际独立，互相征伐，晋君成为傀儡，晋国因而失去盟主的地位。但楚国并未利用这个机会北进，因为在东方有新兴的吴国向它不住地进攻，使它无暇北顾。吴的兴起是春秋的大变局。

吴国兴起不久，南边又崛起了一个越国，两国间的竞争就结束了春秋的局面。春秋时代的战争是维持均势的战争，大国之间并不想互相吞并。吴越的战争，性质不同。吴仍有春秋时代的精神，虽有机会，又有伍子胥的怂恿，但并未极力利用机会去灭越。然而越国一旦得手，就不再客气，直截了当地把第一等大国的吴一股吞并。这是战国时代的精神，战国的战争都是以消灭对方为目的的战争。所以春秋末期的变化虽多，吴越的苦战可说是最大的变化，是末次的春秋战争，也是初次的战国战争。越灭吴之年是最适当的划分时代的一年。

春秋大部的时间似乎仍在宗教的笼罩之下。但到末期，大局发生剧变，独立的思潮开始抬头。对时局肯用心深思的人大致分为三派。第一，为迎合潮流，去参加推翻旧势力的工作的人。这种人可以邓析为代表，是专门批评旧制，并故意与当权者为难的人。[①]第二，为悲观派，认为天下大局毫无希望，只有独善其身，由火坑中求自己的超脱。这种隐士，孔子遇见许多；楚狂接舆、长沮、桀溺都是这一流的人。第三，就是孔子的一派，崇拜将要成为过去的，或大半已经成

---

① 《左传》定公九年；《吕氏春秋》卷一八《审应览》第六《离谓篇》。

为过去的旧制度文物，苦口婆心地去宣传保守与复古。每到剧变的时代，我们都可遇到同样的三种人：为旧制辩护的人、反对旧制的人与逃避现实的纠纷的人。

"战国"一词的来源，不甚清楚。司马迁已用此名，可见最晚到汉武帝时已经流行。[①]《战国策》成书似在秦末或汉初或楚汉之际。[②]但书名本来无定，不知当初"战国策"是否也为书名之一。[③]若然，"战国"一词在秦汉之际已经通行。但很可能，在秦并六国之先，已有人感觉当时战争太多太烈，而称它为"战国"。所以这个名称不见得一定是后人起的，也许是当时人自定的。《战国策》卷六《秦策四》顿弱谓"山东战国有六"，卷二十《赵策三》赵奢谓"今取古之万国者分以为战国七"。可见战国一词起于当代。普通以为自《战国策》书名而来，乃是一个很自然而不正确的印象。

战国初期的一百年间是一个大革命的时代。三家分晋与田氏篡齐不过是最明显的表面变化，骨子里的情形较此尤为紧张。各国内部，除政治骚乱外，都起了社会的变化。封建残余的贵族都被推翻，诸侯都成了专制独裁的君主。所有的

---

① 《史记》卷一五《六国年表序》。
② 六国中齐最后亡，齐亡时的情形，卷一三《齐策六》中有记载。卷三一《燕策三》中又提到高渐离谋刺秦始皇的事，可见成书必在秦并六国之后。书中似乎没有汉的痕迹。
③ 据刘向《战国策目录》，书名原有《国策》《国事》《短长》《事语》《长书》《修书》六种。不知"国策"是否"战国策"的缩写。

人民最少在理论上从此都一律平等，任何人都可一跃而为卿相，卿相也可一朝而堕为庶民。一切荣辱都操在国君手中，要在政治上活动的人，无论文武，都须仰国君的鼻息。同时，人民既然平等，就须都去当兵，征兵的制度开始成立。当兵已不是贵族的权利，而是全体人民的义务。所有的战争都是以尽量屠杀为手段，以夺取土地为目的的拼命决斗。周天子名义上的一点地位也无人再肯承认，一切客气的"礼乐"都已破坏无遗。这是中国历史上唯一全体人民参战的时代。

战争最烈的时代也是中国思想史上的黄金时代。各家争鸣，都想提出最适当的方案，去解决当前的严重问题。各派都认为当设法使天下平定，最好的平定方法就是统一。但统一的方策各自不同。除独善其身的杨家和道家与专事辩理的名家外，儒、墨、法、阴阳四家都希望人君能实行他们的理想以平天下。除了法家之外，这些学说都很不切实际，最后平定天下的仍是武力。但秦并六国后却承认阴阳家的五德终始说，自认为以水德王。

西前221年秦始皇创了自古未有的新局。前此无论名义如何，实际总是分裂的。自此以后，二千年间统一是常态，分裂是变局。但在二千年的统一中，以秦、西汉及东汉中兴的三百年间的统一为最长、最稳固、最光荣。二千年来的中国的基础可说都立于这三个世纪。秦始皇立名号，普遍地设立郡县，统一度量，同文，同轨。一般讲来，这都是此后历朝所谨守的遗产。中国的疆土在汉武帝时立下大致的规模，此后很少超出这个范围。

社会制度也凝结于此时。传统的宗法社会在战国时代颇受打击。商鞅鼓励大家族析为小家庭的办法，恐怕不限于秦一国，乃是当时普遍的政策。为增加人民对于国家的忠心，非打破大家族减少家族内的团结力不可。这种政策不见得完全成功，但宗法制度必受了严重的摇撼。到汉代就把这种将消未消的古制重新恢复。在重农抑商的政策之下，维持宗法的大地主阶级势力日盛。同时，儒教成为国教后，这个事事复古的派别使宗法社会居然还魂。丧服与三年丧是宗法制度的特殊象征。这种在春秋时代已经衰败，在战国时代只是少数儒家迂夫子的古董的丧制，到汉代又渐渐重建起来。[①]

帝国成立之后，争鸣的百家大半失去存在的理由，因而无形消灭。若把此事全都归咎于秦始皇的焚书，未免把焚书的效能看得太高。只有儒、道、阴阳三家仍继续维持，但三者的宗教成分都日愈加重。孔子虽始终没有成神，但素王也演化为一个很神秘的人格。道家渐渐变成道教；鬼神、符箓、炼丹，长生的各种迷信都成了它的教义。阴阳家自始就富于神秘色彩，至此儒、道两家都尽量吸收它的理论。汉的精神界可说是儒、道、阴阳合同统治的天下。

---

① 关于此点，两《汉书》中材料太多，不胜枚举。关于汉儒的丧服理论，可参考《白虎通》卷四。

和帝一代（西元89至109年）是重要的过渡时期。前此三百年间，除几个短期的变乱之外，帝国是一致的盛强的。由和帝以下，帝国的衰退日益显著。内政日坏，外族的势力日大，最后北部边疆的领土实际都成了胡人的殖民地。民族的尚武精神消失，帝国的军队以胡人为主干。在这种内外交迫的局势之下，大小的变乱不断发生。羌乱，党锢之祸，黄巾贼，十常侍之乱，董卓之乱，李傕、郭汜之乱，前后就把帝国的命运断送。经过和帝以下百年的摧残之后，天下四分五裂，帝国名存实亡。三国鼎立之后，晋虽临时统一，但内部总不能整顿，外力总不能消灭。勉强经过三个魏晋的百年挣扎之后，胡人终于把中原占据，汉人大批地渡江南迁。

同时，精神方面也呈现相似的衰颓状态。儒教枯燥无味，经过几百年的训诂附会之后，渐渐被人厌弃。比较独立的人都投附于一种颓废的老庄学说，就是所谓清谈。平民社会的迷信程度日愈加深，一种道教会也于汉末成立。在这种种无望的情形下，佛教暗中侵入。当初还不很惹人注意，但自汉末以下势力日大，与无形中侵蚀土地的胡人同为威胁传统中国的外力。

胡人起事的八十年后（西元383年），北方临时被外族统一，苻坚决意要渡江灭晋，统一天下。淝水之战是一个决定历史命运的战争。当时胡人如果胜利，此后有否中国实为问题。因为此时汉族在南方的势力仍未根深蒂固，与后来蒙古、满清过江时的情形大不相同。不只珠江流域尚为汉族殖民的边区，连江南也没有彻底的汉化，蛮族仍有相当的势力，[①]汉人仍然稀少。胡人若真过江，南方脆弱的汉族势力实有完全消灭的危险。南北两失，汉族将来能否复兴，很成问题。即或中国不至全亡，最少此后的历史要成一个全新的局面，必与后来实际实现的情形不同。东晋在淝水虽占了上风，中国所受的冲动已是很大。此后二百年间，中国的面目无形改变。胡、汉两族要混合为一，成为一个新的汉族，佛教要与中国文化发生不可分的关系。中国文化已由古典的第一周进到胡人血统与印度宗教被大量吸收的第二周了。

胡人的血统在第一周的末期开始内浸，在整个第二周的期间都不断地渗入。一批一批的北族向南推进，征服中国的一部或全部，但最后都与汉人混一。唯一的例外就是蒙古。北族内侵一次，汉族就大规模地渡江向南移殖一次。在第一周处在附属地位的江南与边疆地位的岭南，到第二周地位日见提高，政治上成了一个重要的区域，文化上最后成了重心。

佛教也是在第一周的末期进入中国，但到第二周才与中国文化发生了化学的作用。中国文化原有的个性可说没有丧失，但所有第二周的中国人，无论口头上礼佛与否，实际没有一个人在他的宇宙人生观上能完全逃脱佛教的影响。

第二周也可分为五期：

（1）南北朝、隋、唐、五代（西元383至960年）；

---

① 《宋书》卷九七《夷蛮列传》；《南史》卷七九《诸蛮列传》。

（2）宋代（西元960至1279年）；

（3）元明（西元1279至1528年）；

（4）晚明盛清（西元1528至1839年）；

（5）清末中华民国（西元1839年以下）。

第一周的时代各有专名，第二周的时代只以朝代为名。这并不是偶然的事。第二周的各代之间仍是各有特征，但在政治社会方面一千五百年间可说没有什么本质的变化，大体上只不过保守流传秦汉帝国所创设的制度而已。朝代的更换很多，但除强弱的不同外，规模总逃不出秦汉的范围。只在文物方面，如宗教、哲学、文艺之类，才有真正的演变。最近百年来，西化东渐，中国文化的各方面才受了绝大的冲动，连固定不变的政治社会制度也开始动摇。

南北朝①、隋、唐、五代是一个大的过渡、综合与创造的

---

① "南北朝"在中国史学上是一个意义极其含混的名词。《南史》与《北史》同为李延寿一人所撰，但《北史》始于拓跋魏成立的西元386年，终于隋亡的618年；《南史》始于刘宋成立的420年，终于陈亡的589年。所以《北史》的首尾都超过《南史》。关于南北朝的始点，有人用386年，有人用420年，又有人用魏统一北方的439年。关于终点，隋亡的年当然不可用，因为当时已非南北分立的局面；一般多用隋灭陈而统一天下的589年，可算非常恰当。关于南北朝的始点，很难武断地规定。当然五胡起事的304年或东晋成立于江南的317年都可认为是南北分立的开始。但当初的局面非常混沌，普通称此期为"五胡乱华"的时期，十分妥当。386与420两年，除两个朝代的创立之外，并没有特殊的重要，439年又嫌太晚，都不应定为时代的开始。到淝水战后，北方已很明显地要长期丧于胡人，同时胡人是觉悟长江天险的不易飞渡，南北分立的局面至此才算清楚，分立局面下种族与文化的酝酿调和也可说由此开始。所以我们不只把383年当为南北朝的开始年，并且定它为第二周的起发点。

时代。南北朝的二百年间，北方的胡族渐与汉人同化，同时
江南的蛮人也大半被汉族所同化。到隋统一宇内的时候，天
下已无严重的种族问题，所以这个新的汉族才能创造一个媲
美秦汉的大帝国。同时，在南北朝期间，新旧文化的竞争也
在夷夏论辩与三教合一的口号之下得到结束。在汉代佛教并
未被人注意，因为当时那仍是一个不足注意的外来势力。到
南北朝时佛教大盛。以儒道为代表的旧文化开始感到外力的
威胁，于是才向所谓夷狄之教下总攻击。由《弘明集》中我
们仍可想见当时新旧文化竞争的紧张空气。这种竞争到种族
混一成功时也就告一段落，佛教已与旧有的文化打成一片，
无需再有激烈的争辩。调和一切、包含一切的天台宗恰巧此
时成立，并非偶然。同时中国式的佛教的最早创作也于此时
出现，就是有名的《大乘起信论》。①伟大的隋唐帝国与灿烂
的隋唐文化都可说是南北朝二百年酝酿的结果。

隋唐的天子在内称皇帝，对外称"天可汗"，象征新的帝
国是一个原由胡汉混成，现在仍由胡汉合作的二元大帝国。
所以外族的人才时常被擢用，在《唐书》的列传里我们可遇
到很多的外族人。佛教的各派，尤其像华严宗、法相宗、禅
宗一类或内容宏大或影响深远的派别，都在此时发展到最高
的程度。完全宗教化的净土宗也在此时泛滥于整个的社会，
尤其是平民的社会。在唐代文化结晶品的唐诗中，也有丰富

---

① 见梁启超《大乘起信论考证》。

198

的释家色彩。

历史上的平淡时代可以拉得很长，但光荣的时代却没有能够持久的。隋唐的伟大时代前后还不到二百年，安史之乱以后不只政治的强盛时期已成过去，连文化方面的发展也渐微弱。藩镇、宦官与新的外祸使帝国的统一名存实亡；五代时的分裂与外祸不过是晚唐情形的表面化。在文化方面发生了复古的运动，韩愈、李翱一般人提倡一种新的儒教，以老牌的孔孟之道相号召。佛教虽仍能勉强维持，极盛的时期却已过去，宋代的理学已经萌芽。所以南北朝、隋、唐、五代代表一个整个的兴起、极盛与转衰的文化运动。

宋代的三百年间是一个整理清算的时代。在政治社会方面，自从大唐的二元帝国破裂之后，中国总未能再树立健全的组织，国力总不能恢复。二百年来的分裂割据局面到960年算是告一段落，但各种难题仍未解决。隋唐短期间所实行的半征兵制度的府兵早已破裂，军队又成了不负责任的流民集团。财政的紊乱与人民负担的繁重也是一个极需下手解决的问题。隋唐时代的科举制度至此已成为死攻儒经的呆板办法，真正的人才难以出现，国家的难题无人能出来应付。在这种种的情形之下，宋连一个最低限度的自然国境都不能达到，也无足怪。不只外族的土地寸尺不能占有，连以往混乱期间所丧失的河西与燕云之地也没有能力收复。这是中国本部东北与西北的国防要地，若操在外人手里，中国北方的安全就时刻感到威胁。宋不只无力收复，并且每年还要与辽夏入贡（巧立名目为"岁币"），才得苟安。

整个的中国显然是很不健全，极需彻底的整顿。王安石变法代表一个面面俱到的整理计划，处处都针对着各种积弊，以图挽回中国的颓运。但消极、破坏与守旧的势力太强，真正肯为革新运动努力的人太少，以致变法的运动完全失败。不久中原就又丧于外人，宋只得又渡江偏安。最后连江南都不能保，整个的中国第一次亡于异族。

在思想方面也有同样的整顿运动，并且这种企图没有像政治社会变法那样完全失败。无论衷心情愿与否，中国总算已经接受了外来的佛教，永不能把它摈除。但人类一般的心理，无论受了别人如何大的影响，在口头上多半不愿承认。实际中国并未曾全部印度化，中国的佛教也不是印度的佛教，但连所吸收的一点印度成分中国也不愿永久袭用外来的招牌。宋代理学的整顿工作，可说是一种调换招牌的运动。在以往中国参考原有的思想，尤其是道家的思想，已创了一个中国式的佛教。现在中国人要把这种中印合璧的佛教改头换面，硬称它为老牌的古典文化，就是儒教。宋代诸子最后调和了中国式的佛教、原有的道教与正统的儒教，结果产生了一种混合物，可称为新儒教。这种结果的价值难以断定，但最少不似政治社会方面整顿计划的那样明显的失败。

元、明两代是一个失败与结束的时代。一百年间整个的中国初次受制于外族。五胡、辽、金所未能实现的，至此由蒙古人达到目的。这是过度保守、过度松散的政治社会的当然命运。蒙古人并且与此前的外族不同，他们不要与中国同化，还要鼓励汉人模仿蒙古的风俗习惯，学习蒙古的语言文字。所以中国不只在政治上失败，文化上也感到空前的压迫。但蒙古人虽不肯汉化，不久却也腐化，所以不到百年就被推翻。

明是唐以后唯一的整个中国自治统一的时代，不只东北与西北的国防要地完全收复，并且塞外有军事价值的土地也被并入帝国的范围。这种局面前后维持了二百年，较宋代大有可观。但这种表面上的光荣却不能掩盖内里的腐败。科举制度最后僵化为八股文的技术，整个民族的心灵从此就被一套一套的口头禅所封闭，再求一个经世的通才已办不到。宋代还能产生一个王安石，到明代要找一个明了王安石的人已不可得。此外，政治的发展也达到腐败的尽头。廷杖是明代三百年间的绝大羞耻。明初诛戮功臣的广泛与野蛮，也远在西汉之上；汉高情有可原，明祖绝不可恕。[1]成祖以下二百余年间国家的大权多半操在宦官手中，宦官当权成了常制，不似汉唐的非常情形。有明三百年间，由任何方面看，都始终未上轨道，整个的局面都叫人感到是人类史上的一个大污点。并且很难说谁应当对此负责。可说无人负责，也可说全体人

——————

[1]　赵翼《廿二史札记》卷三二《胡蓝之狱》。

民都当负责。整个民族与整个文化已发展到绝望的阶段。

在这种普遍的黑暗之中，只有一线的光明，就是汉族闽粤系的向外发展，证明四千年来唯一雄立东亚的民族尚未真正地走到绝境，内在的潜力与生气仍能打开新的出路。郑和的七次出使，只是一种助力，并不是决定闽粤人南洋发展的主要原动力。郑和以前已有人向南洋活动，郑和以后冒险殖民的人更加增多，千百男女老幼的大批出发并非例外的事。①有的到南洋经商开矿立下后日华侨的经济基础。又有的是冒险家，攻占领土，自立为王。后来西班牙人与荷兰人所遇到的最大抵抗力，往往是出于华侨与中国酋长。汉人本为大陆民族，至此才开始转换方向，一部分成了海上民族，甚至可说是尤其宝贵难得的水陆两栖民族！

元、明两代的思想界也与政治界同样的缺乏生气。程朱思想在宋末已渐成正统的派别，明初正式推崇程朱之学，思想方面更难再有新的进展。到西元1500年左右，才出来一个惊人的天才，打破沉寂的理学界。王阳明是人类历史上少见的全才。政治家，军事家，学者，文人，哲学家，神秘经验者：一身能兼这许多人格，并且面面独到，传统的训练与八股的枷锁并不能消磨他的才学，这是何等可惊的人物！他是最后有贡献的理学家，也是明代唯一的伟人，他死的1528年可定为划时代的一年。那正是明朝开始衰败，也正是将来要

---

① 赵翼《廿二史札记》卷三四《海外诸番多内地人为通事》。

推翻传统中国的魔星方才出现的时候。约在他死前十年，葡萄牙人来到中国的南岸。后来使第二周的中国土崩瓦裂的就是他们所代表的西洋人。

晚明盛清是政治文化完全凝结的时代。元明之间仍有闽粤人的活动，王阳明的奇才，足以自负。明末以下的三百年间并没有产生一个惊人的天才，也没有创造一件值得纪念的特殊事业，三世纪的工夫都在混混沌沌的睡梦中过去。

明末的一百年间，海上的西洋人势力日大，北方前后有鞑靼、日本与满洲的三个民族兴起。这四种势力都有破灭日见衰颓的明朝的可能。西洋人的主要视线仍在新大陆、印度与南洋，未暇大规模地冲入中国，蒙古的鞑靼在四种势力中是最弱的，后来受了中国的牢笼，未成大患。日本若非丰臣秀吉在紧要关头死去，最少征服中国北部是很可想见的事。最后成功的是满洲，整个的中国第二次又亡于异族。但满人与蒙古人不同，并不想摧残中国传统的文化，他们自己也不反对汉化。他们一概追随明代的规模，一切都平平庸庸。但有一件大事，可说是满清对汉族的一个大贡献，就是西南边省的汉化运动。云南贵州的边地，虽在汉代就被征服，但一直到明代仍未完全汉化，土司与苗族的势力仍然可观。清世宗用鄂尔泰的计划，行改土归流的政策，鼓励汉人大批移殖，劝苗人极力汉化，在可能的范围内取消或减少土司的势力，增加满汉流官的数目与权势。

至此云贵才可说与中国本部完全打成一片。这虽不像明代闽粤兴起的那样重要，但在沉寂的三百年间可说是唯一影响远大的事件了。

王阳明以后，理学没有新的进展。盛清时的智力都集中于训诂考据。这虽非没有价值的工作，但不能算为一种创造的运动；任何创造似乎已不是此期的人所能办到。

鸦片战争以下的时代，至今还未结束，前途的方向尚不可知。但由百年来的趋势，我们可称它为传统政治文化总崩溃的时代。中国民族与文化的衰征早已非常明显，满人经过二百年的统治之后，也已开始腐化。在政治社会方面，不见有丝毫复兴的希望；精神方面也无一点新的冲动。在这样一个半死的局面之下，青天霹雳，海上忽然来了一个大的强力。西洋有坚强生动的政治机构，有禀性侵略的经济组织，有积极发展的文化势力；无怪中国先是莫测高深，后又怒不可遏，最后一败涂地。直到最近对于西洋的真相才有一个比较正确的认识。最足代表传统文化的帝制与科举都已废除，都市已大致西洋化，乡间西化的程度也必要日益加深。中国文化的第二周显然已快到了结束的时候。但到底如何结束，结束的方式如何，何时结束，现在还很难说。在较远的将来，我们是否还有一个第三周的希望？谁敢大胆地肯定或否定？

三、中国史与世界史的比较

以上中国历史的分期不能说是绝对的妥当，但可算为一种以时代特征为标准的尝试分期法。专讲中国史，或者看不出这种分期有何特殊的用处，但我们若把中国史与其他民族的历史比较一下，就可发现以前所未觉得的道理。由人类史的立场看，中国历史的第一周并没有什么特别，因为其他民族的历史中都有类似的发展。任何文化区，大概起初总是分为许多部落或小国家，多少具有封建的意味。后来这些小国渐渐合并为少数的大国，演变成活泼生动的国际局面。最后大国间互相兼并，一国独盛，整个的文化区并为一个大帝国。这种发展，在以往的时候可说是没有例外的。在比较研究各民族的历史时，整个文化区的统一是一个不能误会的起发点。统一前的情形往往过于混乱，因为史料缺乏，头绪常弄不清。并且有的民族关于统一前能有二千年或二千年以上的史料，例如埃及与巴比伦；有的民族就几乎全无可靠的史料，例如印度。但这是史料存亡的问题，不是史迹演化的问题。史料全亡，并不足证明时代的黑暗或不重要。关于统一前的史料，知道比较清楚的，大概是埃及、希腊罗马与中国的三个例。由这三个文化区历史的比较，我们大致可说民族间发展的大步骤都有共同点可寻，并且所需时间的长短也差不多。希腊各小国的定居约在西前1200年，帝国的实现约在西前100

年，①前后约一千一百年的工夫。中国由盘庚到秦并六国也是一千一百年。埃及最早定局似在西前3000至前2800年间，统一约在西前1600年，前后约一千二百至一千四百年的工夫，较前两例略长，但埃及的年代至今尚多不能确定。我们可说一个文化区由成立到统一，大致不能少于一千年，不能多于一千五百年。以此类推，其他民族的历史可以大体断定。例如关于印度帝国成立前的历史，除了北部被希腊人一度征服外，我们几乎一件具体的事都不知道。但印度帝国成立于西前321年，所以我们可推断雅利安人在印度北部定居，建设许多小国，大概是在西前1400年或略前。关于巴比伦的历史，地下的发现虽然不少，但头绪非常混乱，年代远不如埃及的清楚。但巴比伦帝国成立于西前2100至前2000年间，所以我们可知巴比伦地域最初呈显定局是在西前3100年或略前。②这种由详知的例推求不详的例的方法，是我们细密分期的第一个收获。

这个方法虽不能叫我们未来先知，但或可使我们对将来的大概趋势能比较认清。今日世界上最活动的文化当然是最初限于欧西、今日普及欧美并泛滥于全球的西洋文化。如果可能，我们很愿知道这个有关人类命运的文化的前途。如果

---

① 普通的书都以第一个皇帝出现的西前31或前30年为罗马帝国开始的一年。实际在西前100年左右整个的地中海区已经统一，帝国已经成立。

② 回教文化的问题过于复杂，争点太多，为免牵涉太远，本文对回教的历史一概从略。对此问题有兴趣的人可参考 Oswald Spengler 著 *Decline of the West*，与 Arnold J.Toynbee 著 *A Study of History*。

西洋文化不是例外，它大概也终久要演化到统一帝国的阶段。但这件事何时实现，比较难说，因为西洋文化当由何时算起，仍无定论。西洋文化的降生在西罗马帝国消灭以后，大概无人否认。但到底当由何年或何世纪算起，就有疑问的。我们可改变方法，从第一时代的末期算起。一个文化区都以封建式的分裂局面为起发点。这种局面在中国结束于西前770年左右，距秦并天下为五百五十年的工夫。在希腊这种局面（普通称为"王制时代"）约在西前650年左右结束，距罗马帝国的成立也为五百五十年。埃及方面因史料缺乏，可以不论，但中国与希腊的两例如此巧合，我们以之为标准或者不致大误。西洋封建与列国并立的两时代，普通以西元1500年左右为枢纽；以此推算，西洋大帝国的成立当在西元2050年左右，距今至少尚有一世纪的工夫。西洋现在正发展到中国古代战国中期的阶段。今日少数列强的激烈竞争与雄霸世界，与多数弱小国家的完全失去自主的情形，显然是一个扩大的战国；未来的大局似乎除统一外，别无出路。

我们以上所讲的两点，都限于所谓文化的第一周。第二周尚未谈及，因为中国文化的第二周在人类史上的确是一个特殊的例外。没有其他的文化，我们能确切地说它曾有过第二周返老还童的生命。埃及由帝国成立到被波斯征服（西前525年）因而渐渐消灭，当中只有一千一百年的工夫。巴比伦由帝国成立到被波斯征服（西前539年）与消亡，最多也不过有一千五百年的工夫。罗马帝国，若以西部计算，由成立到

中国文化与中国的兵

灭亡（普通定为西元476年）尚不到六百年。所谓东罗马帝国实际已非原来希腊罗马文化的正统继承者，我们即或承认东罗马的地位，罗马帝国由成立到灭亡（西元1453年）也不过一千五百五十年的工夫。中国由秦并六国到今日已经过二千一百五十余年，在年代方面不是任何其他文化所能及的。罗马帝国一度衰败就完全消灭，可以不论。其他任何能比较持久的文化在帝国成立以后也没有能与中国第二周相比的伟大事业。中国第二周的政治当然不像第一周那样健全，并且没有变化，只能保守第一周末期所建的规模。但二千年间大体能维持一个一统帝国的局面，保持文化的特性，并在文化方面能有新的进展与新的建设，这是人类史上绝无仅有的奇事。其他民族，不只在政治上不能维持如此之长，并且在文化方面也绝没有这种二度的生命。我们传统的习性很好夸大，但以往的夸大多不中肯；能创造第二周的文化才是真正值得我们自夸于天地间的大事。好坏是另一问题，第二周使我们不满意的地方当然很多，与我们自己的第一周相比也有逊色。但无论如何，这在人类史上是只有我们曾能做出的事，可以自负而无愧。

唯一好似可与中国相比的例就是印度。印度帝国的成立比中国还早一百年，至今印度文化仍然存在。但自阿育王的大帝国（西前3世纪）衰败之后，印度永未盛强。帝国成立约四百年后，在西元100年左右，印度已开始被外族征服，从此永远未得再像阿育王时代的伟大与统一，也永不能再逃出外族的羁绊。此后只有两个真正统一的时代，就是16与17世纪间的莫卧儿帝国与近来英国统治下的印度帝国，都是外族的势力。在社会方面，佛教衰败后所凝结成的四大阶级与无数的小阶级，造出一种有组织而分崩离析的怪局。即或没有外族进攻，印度内部互相之间的一笔糊涂账也总算不清。所以在政治方面印度不能有第二周。在宗教与哲学方面，印度近二千年间虽非毫无进展，但因印度人缺乏历史的观念，没有留下清楚可靠的史料，我们只有一个混沌的印象，不能看出像中国佛教与理学发展的明晰步骤。所以在文化方面，中国与印度也无从比较。第二周仍可说是我们所独有的事业。

　　这种独到的特点，可使我们自负，同时也叫我们自惧。其他民族的生命都不似中国这样长，创业的期间更较中国为短，这正如父母之年的叫我们"一则以喜，一则以惧"。据普通的说法，喜的是年迈的双亲仍然健在，惧的是脆弱的椿萱不知何时会忽然折断。我们能有他人所未曾有的第二周，已是"得天独厚"。我们是不是能创出尤其未闻的新纪录，去建设一个第三周的伟局？

下　编

总论——抗战建国中的中国

上编的几篇文字，都是抗战前发表的，是著者对于传统文化的认识与批评。抗战开始以后，著者对中国文化的意义虽不免有新的探讨，旧日的见解大体上却未变更。但前此的注意力集中于传统文化的弱点，对于中华民族的坚强生力，只略为提及，并未特辟一篇去解释，因为夸大的文章历来很多，无需再加一人去凑热闹。但抗战开始以后，这种缄默已不能继续维持了。《此次抗战在历史上的地位》一文，就是抗战半年后，著者于二十七年元旦后一星期所作。主题是解释此次抗战的意义与士兵之所以英勇；若与上编《中国的家族》一篇互相参照，就可明白此次的惊人抗战绝非偶然，乃是二千年前大汉帝国人口政策的成功与二千年来南方新天地的建设所赐予的。这两个特殊情形，是我们在所有的古老民族中所独有的，也是我们虽老而仍富有朝气的基本原因。

除论抗战英勇的主题外，该篇也附带提到后方人士，尤其智识阶级的太不争气。当时作者身在长沙，深感后方景象的使人啼笑皆非。时至今日，重印合刊时，此种附论似可删去。但当合刊工作的开始整理期间（二十七年十月），恰值昆明初遭敌机轰炸，一般的动态又与年前的长沙如出一辙。素日领受微薄薪饷并被人轻视的大兵，在前方喋血抵抗；而处在安全的后方，多年享受国家的高位厚禄，承受社会的推崇尊敬的自命优秀分子，反倒庸人自扰，仍要向自认为尤其安全的地带逃难，还能硬着面皮，以残废老弱自居，而美其名曰"疏散"——凡略有自觉心的人，对此能不太感难堪？此种行动，无论平日如何善于自辩自解的人，午夜扪心自问，恐怕也难否认为尸位素餐吧！难道向日处在社会领导地位的人，对于生死的意义与价值，也无半点了解？生，固然可贵；但是不惜任何代价以求苟生，还不如死！士兵的英勇，真可谓非常而可钦；后方有责者的狂逃，实在是反常而可耻。负有军事政治责任的人，当然不必说。就是负有与军政无直接关系的职责者，除非所在地于最近的将来有沦为战区的危险，都不当逃避。至以昆明而论，若到这个最后方的都市也将沦为战区的时候，中国就真到了山穷水尽的境地。到那时，残余的士兵或者仍可去做游击队；一般胆小如鼠的优秀分子，救得个人的一条残生，不知尚有何用？此次抗战真有神怪小说中照妖镜的作用。各种平日善于变化、善于掩饰的人物，在强烈的光照磨炼之下，都不得不就地一滚，原形出现；而平日许多好似庸碌呆板的圆颅方趾动物，至此倒证明是十足兑现的真人。

因有上面的一点感想，所以原文中的一段无聊牢骚也不删去，将来或可作为此次英勇抗战的一点反面史料！

可耻的景象虽不可免，但著者仍认为前途是光明的。不可救药的分子在抗战期间与抗战之后，必大半要被淘汰。建国运动虽非三年五载的简易事业，但不久的未来必能成功。《在望的第三周文化》一篇中的意见，就是著者对于前途的希望与信仰。

此次抗战在历史上的地位

　　此次抗战不只在中国历史上是空前的大事，甚至在整个人类历史上也是绝无仅有的奇迹。我们若把中国与其他古老文化比较一下，就可得到惊人的发现。埃及文化由生到死，不过三千年。公元前300年左右被希腊征服，渐渐希腊化。后来又被回教徒征服，就又阿拉伯化。今日世界上已没有埃及人，埃及文字，或埃及文化；今日所谓埃及的一切，都是阿拉伯的一部分。巴比伦文化的寿命与埃及相同，也同时被希腊征服，后来又阿拉伯化。希腊罗马文化寿命更短，由生到死不过二千年；今日的希腊不是古代的希腊，今日的意大利更不是古代的罗马。至于中国，由夏商之际到今日，将近四千年，仍然健在。并且其他古族在将亡时，都颓靡不振，不只没有真正抵抗外患的力量，甚至连生存的意志也大半失去。它们内部实际先已死亡，外力不过是来拾取行尸走肉而已。至于我们此次抗战的英勇，是友邦军事观察家所同声赞许的，连敌人方面的军事首领有时也情不自已地称赞一声。

217

我们虽然古老，但我们最好的军队可与古今任何正在盛期的民族军队相比，这是值得大书特书的。我们有一部分的军队或者不能尽满人意，但略为研究军事历史的人都知道任何时代、任何民族的军队也有因暂受挫折而纪律松弛的现象，也都有因缺乏经验而战力不佳的现象。并且我们不要忘记，今日中国的军队不是征兵，而是募兵。征兵虽也有缺点，但只有征兵才是长久可靠的军队。我们只有募兵，而其效能已几乎与征兵相等，这又是人类历史上稀有的奇事。半年以来，我们大部的军队可以告无罪于国家民族；倒是后方的人，尤其是太平时代说话最响亮的人，当下一番忏悔的功夫。我们的前方，大致尚可与欧战时列强的前方相比；我们后方有责任有职守者的慌张飞逃，却与欧战时各国后方的镇静安详成反比例。这只足证明，连许多平日自诩甚高的人也没有达到征兵的程度，也就是说，还没有国民的资格。谈到此点，我们对前方将士的英勇更当感愧；若再谩怨他们不肯出力，使得我们不得不于敌人仍在数百里至千里之外的时候三番两次地飞寻乐土，那就未免太无自知之明了。说得干脆一点，若看后方的情景，我们只配有纪律不佳与战力缺乏的军队！

中国文化的寿命为何如此之长？今日因何能有如此英勇的抗战？中国至今存在，因为中国曾经返老还童，而别的文化一番衰老后就死去。每个文化发展的步骤，都是先由分裂的部落或封建的小国开始。后来小国合并为大国，列国竞争，国际的局面日愈紧张，国际的战争日愈激烈。最后一国出来吞并列国。统一天下，成了笼罩整个文化区的大帝国。帝国是文化的末期，此后只有衰弱，再分裂，以至于灭亡。别的民族至此都不能再维持。只有中国，于秦汉统一大帝国之后，虽也经过三国六朝的短期消弱，但后来却又复兴。复兴之后，政治制度虽不再有多少更革，文化潮流却代有进展。这是其他民族的历史上所绝无的现象。我们可称南北朝以下为中国文化的第二周，与第一周的文化潮流列表比较如下，就可一目了然：

周	时　代				
	宗教时代	哲学时代	哲学派别化的时代	哲学消灭与学术化的时代	文化破裂时代
第一周	殷商、西周（公元前1300至前771年）殷墟宗教、周代宗教	春秋时代（公元前770至前473年）邓析、楚狂接舆、孔子	战国时代（公元前473至前221年）六家	秦汉与东汉中兴（公元前221至公元88年）经学训诂	东汉末至淝水之战（公元89至383年）思想学术并衰，佛教之输入
第二周	南北朝隋唐、五代（公元383至960年）佛教之大盛	宋代（公元960至1279年）五子、陆象山	元明（公元1279至1528年）程朱派、陆王派	晚明盛清（公元1528至1839年）汉学考证	清末以下（公元1839年以下）思想学术并衰，西洋文化东渐

我们由上表可知中国文化前后有过两周，其他文化都只有第一周绝无第二周，都是一衰而不能复振。这一点是我们大可自豪于天地间的。我们不只寿命长，并且没有虚度我们的光阴，各代都能翻点新的花样。

中国文化为何能有第二周？这个问题与上面尚未解答的今日为何能如此英勇抗战的问题，可以一并回答。中国文化的第二周可说是南方发展史。古代的中国限于中原，长江流域乃是边地，珠江流域根本与中国无关。秦汉时代奠定了三大流域的中国，但黄河流域仍为政治文化的重心。五胡乱华以后，南方逐渐开拓。此后每经一次外患，就有大批的中原人士南迁。五胡乱华，五代之乱，与宋室南渡时南迁的人数尤多。并且一般的讲来，南迁的人是民族中比较优秀的分子，因为他们大多都是不肯受外族统治而情愿冒险跋涉的人。并且沿路的困苦危险远非有火车、轮船、汽车、飞机的今日可比。因而冒险南下的人中，又有一批被淘汰。到了环境迥异的南方之后，在卫生知识与卫生设备两缺的前代，因不能适应而死去的人，恐又不少。最后得机会开发南方的可说是优秀分子中选择出来的优秀分子。所以二千年来，虽因外患来自北方而统一的首都始终设在中原，然而南方经济与文化的地位一代比一代重要，人口一代比一代繁殖，到最后都远超中原之上。此点可由种种方面证明，但由行政区域的划分可最清楚、最简单地看出南北消长的痕迹，因为行政区域的划分大致是以人口与富力为标准的。春秋战国时代，除楚国与倏起倏灭的吴、越二国之外，所有的列国都在北方，可以不论。汉武帝分天下为十三部，北方占其八：司隶、豫州、冀州、兖州、青州、幽州、并州、凉州；南方占其五：徐州、荆州、扬州、益州、交州。此时北仍重于南，是没有问题的。唐太宗分天下为十道，南北各占五道。北为陇右、关内、河东、河北、河南；南为淮南、山南、剑南、江南、岭南。经过晋室南渡与南北朝二三百年的对峙之后，南方已发展到与北方平衡的地步。北宋分天下为十五路，北方五路：京东、京西、河北、河东、陕西；南方十路：淮南、江南、荆湖南、荆湖北、两浙、福建、西川、峡西、广南东、广南西。此时虽然北方失燕云于辽，失河西于夏，然而南北的悬殊仍甚可异，可见此时北方已较南方落后，唐末与五代的大乱必与此有关。再经过宋室南迁与一度偏安之后，到明代虽然燕云与河西都已收复，然而二直隶十三布政司中，北方仍只占其五：京师、山东、山西、陕西、河南；南方占其十：南京、浙江、福建、江西、湖广、四川、广东、广西、贵州、云南。满清十八省，北占其六：直隶、山东、山西、河南、陕西、甘肃；南占十二：江苏、浙江、安徽、福建、江西、湖北、湖南、广东、广西、四川、贵州、云南。到明清时代，很显然的中原已成南方的附庸了。富力的增加，文化的提高，人口的繁衍，当然都与此有关。这种发展是我们第二周文化的最大事业。在别的民族已到了老死的时期，我们反倒开拓出这样一个伟大的新天地，这在人类历史上是无可比拟的例外。

中国文化与中国的兵

此次抗战，虽显然的是全国参加，但因人力物力的关系，抗战的重心在南方，也是无可讳言的。这可说是我们休养生息了两千年的元气，至此拿出与亘古未有的外患相抗。因为以往外患都在北方，又因军队都是募兵，所以兵士大半都是由政府就地招编，当然以北人居多。历代对外失败，可说都限于北方，失败后就又有一批人士南迁。民族元气大宝藏的南方力量，前此向无机会施展。偏安与割据的时代，南方当然有自己的军队，但都无足轻重。蒙古入主中国，编南人为新附军，也无重要地位。南方人士编成有用的大军，是满清时代的事。嘉庆初年川楚教匪之乱，官兵无用，平乱大半依靠乡勇。这是南兵第一次大显身手的例证。后来的太平天国与湘军，可说是两个对峙的南方大军。时至今日，中国军队的主力，不仅要从北方挑选，尤其要从南方编练，已是显而易见的事。军队素质的高低，不专靠体力与训练。每个士兵的智力、神经反应的迟速、随机应变的能力，以及其他种种的天然禀赋，都有关系。尤其在近代的复杂战术之下，因为二千年来民族元气的南偏，南方的劲旅多于北方，也是当然的事。中国虽然古老，元气并未消耗，大部国民的智力与魄力仍可与正在盛期的欧美相比，仍有练成近代化的劲旅的可能。二千年来养成的元气，今日全部拿出，作为民族文化保卫战的力量。此次抗战的英勇，大半在此。

最后还有一点，或者值得论及。按上面列表，我们第二周的文化今日已到末期。第一周的末期，前后约三百年。第二周的末期，由始至今方有百年；若无意外的变化，收束第二周与推进第三周恐怕还得需要一二百年的工夫。但日本的猛烈进攻使得我们不得不把八字正步改为百码赛跑。第二周的结束与第三周的开幕，全都在此一战。第一周之末，有淝水之战（公元383年）。那一战中国若失败，恐怕后来就没有第二周的中国文化，因为当时汉人在南方还没有立下根深蒂固的基础。淝水一战之后，中国文化就争得了一个在新地慢慢休养以备异日脱颖而出的机会。此次抗战是我们第二周末的淝水战争，甚至可说比淝水战争尤为严重。成败利钝，长久未来的远大前途，都系于此次大战的结果。第二周文化已是人类史上空前的奇迹；但愿前方后方各忠职责，打破自己的非常纪录，使第三周文化的伟业得以实现！

建国——在望的第三周文化

只看目前，我们是在抗战中建国。但若把眼光放得远大些，我们今日显然正在结束第二周的传统文化，建设第三周的崭新文化。从任何方面看，旧的文化已没有继续维持的可能，新的文化有必须建设的趋势，此次抗战不过加速这种迟早必定实现的过程而已。我们近来时常称今日为"大时代"，真正的意义就在此点。

此次抗战，有如塞翁失马，在表面损失的背后，隐藏着莫大的好处。自抗战开始之后，著者对它的最后意义，时常拟题自问，自供的答案也日愈清楚。假定开战三两月后，列强就出来武力调停，勉强日本由中国领土完全退出。那与目前这种沿江沿海与各大都市以及重要交通线全因战败而丧失的局面，孰优孰劣？答案是：战败失地远胜于调停成功。假定开战不久，列强中一国或两国因同情或利益的关系而出来参战，协助中国于短期内战败日本。那与目前这种沿江沿海与各大都市以及重要交通线全因战败而丧失的局面，孰优孰劣？答案是：战败失地远胜于借外力而成功。假定战争初开或开战不久，日本又发生一次大地震，较 1923 年那一次尤为严重，都市全部破坏，轻重工业整个销毁，全国公私一并破产，元气丧失到不可恢复的程度，因而被迫不得不无条件地向中国求和。那与目前这种沿江沿海与各大都市以及重要交通线全因战败而丧失的局面，孰优孰劣？答案是：战败失地远胜于因敌遭天灾而成功。假定我们有一位科学天才，发明一种非常的利器，能使我们于一两个月之内将日本的实力全部歼灭。那与目前这种沿江沿海与各大都市以及重要交通线全因战败而丧失的局面，孰优孰劣？答案是：战败失地远胜于靠特殊利器而胜利。假定日本因国内与国际的种种顾忌而不敢发动此次的侵略战争，容许我们再有十年的准备，以致我们与敌人势均力抵，能用外交的压力或战场上短期的正面决战强迫它退出中国。那与目前这种沿江沿海与各大都市以及重要交通线全因战败而丧失的局面，孰优孰劣？这个拟题的诱惑力，诚然太大；与上面的几个假设相比，的确是一个深值考虑的出路。但我们仍不妨狠心而大胆地回答：把眼光放远放大些，战败失地还是胜于外交压迫或短期决战的胜利。

我们为何无情地摒弃一切可能的成功捷径，而宁可忍受目前这种无上的损失与痛苦？理由其实很简单：为此后千万年的民族幸福计，我们此次抗战的成功断乎不可依靠任何的侥幸因素。日本速战速决的胜利是不可能的；中国速战速胜的战果是不应该的。即或可能，我们的胜利也不当太简易地得来。若要健全地推行建国运动，我们整个的民族必须经过一番悲壮惨烈的磨炼。二千年来，中华民族所种的病根太深，非忍受一次彻底澄清的刀兵水火的洗礼，万难洗净过去的一切肮脏污浊，万难创造民族的新生。

"新生"一词含义甚广，但一个最重要的意义就是"武德"。非有目前这种整个民族生死关头的严重局面，不能使一般顺民与文人学士从心坎中了解征兵的必要。好在我们沦陷的区域甚广，敌人的疯狂残暴逼得向来自扫门前雪的老百姓不得不挺身自卫，不得不变成为个人、为家庭、为国家民族拼命的斗士。同时，为应付势所必然的长期战争，未沦陷的后方又不得不加紧推行战前已经开端而未完成的国民兵役制度。所以全国之内可说都在向普遍征兵的方向迈进。此中虽然因二千年来的积习太深，不免有许多障碍与困难，但经过此番波动，自卫卫国的观念必可渗入每个国民的意识中，将来彻底实行征兵，可无很大的困难。

旧中国传统的污浊，因循、苟且、侥幸、欺诈、阴险、小器、不彻底，以及一切类似的特征，都是纯粹文德的劣根性。一个民族或个人，既是软弱无能以致无力自卫，当然不会有直爽痛快的性格。因为直爽痛快不免与人发生磨擦，磨擦太多就不免动武。但由弱者的眼光看来，动武是非常可怕的事，所以只有专门使用心计了。处世为人，小则畏事，大则畏死。平日只知用鬼鬼祟祟的手段去谋私利，紧急关头则以"明哲保身"的一句漂亮话去掩饰自己的怯弱。这种人格如何的可耻！这种人所创出的社会风气如何的可鄙！上面所列的一切恶德，都是由这种使用心计与明哲保身的哲学而来。此次抗战有涤尽一切恶劣文德的功用。我们若求速胜，岂不又是中了旧日文人侥幸心理的恶毒？

但我们绝不是提倡偏重武德的文化，我们绝不要学习日本。文德的虚伪与卑鄙，当然不好；但纯粹武德的暴躁与残忍，恐怕比文德尤坏。我们的理想是恢复战国以上文武并重的文化。每个国民，尤其是处在社会领导地位的人，必须文武兼备。非如此，不能有光明磊落的人格；非如此，社会不能有光明磊落的风气；非如此，不能创造光明磊落的文化。此点若不能达到，将来我们若仍与以往二千年同样的去度纯文德的卑鄙生活，还不如就此亡国灭种，反倒痛快！

初级教育与军事训练都当成为每个国民必有的义务与权利。义教是文化的起点，军训是武化的起点。两者都是基本的国民训练。这个目标达到之后，整个中国的面目就要改观。当然在面积广大、边防极长的中国，恐怕非有一个常备军甚至职业军不可，但这只能作为征兵的附庸，必须由征兵训练中产生。所有的兵必须直接出自民间，兵与民必须一体，二千年来兵民对立的现象必须彻底打破。由此次抗战的英勇，我们可知中华民族虽然很老，但并不衰，仍是第一等的兵士材料。这是征兵制能够成功的绝对保障，也是新文化必定实现的无上把握。

兵的问题，牵动整个的社会；兵制与家族制度又是不能分开的。中国历来讲"忠孝"，认为忠与孝有密切的关系：在家孝，在国必忠。但这大半是理论。实际上，为家庭的利益而牺牲国家社会的利益，在以往几乎成了公认的美德。二千年来无兵的文化，全都由此而来。所以旧日夺人志气的大家族，必须废除。反之，近世欧美的小家庭也不是绝对无疵的办法，因为小家庭无形中容易培养成一个极端个人主义的风气，发展到极点，就必演成民族自杀的行动——节制生育。这恐怕是许多古代文化消灭的主要原因，这也是今日西洋文化的最大危机。中国于战国秦汉间也曾一度遇到这个难关，所幸太古传下的家族观念始终没有完全消灭，汉代的人口政策大体成功，所以此种恶风未能普遍地流行，民族的生机未被不可挽回地斩断。我们今日能如此英勇地抗战，就是受此种强度的家族观念之赐。否则我们的民族与文化恐怕也早已与埃及、巴比伦或希腊、罗马同样的完全成为博物馆中的标本，欲求今日流离颠沛的抗战生活，亦不可得矣！这个问题，比兵的问题尤其难以应付。兵的问题是一个可以捉摸的问题，可以用法令解决。家庭生活虽有利益的关系，但情感的成分甚大，不是法令所能随意支配的。舆论的倡导，学人的意见，社会领导者的榜样，是解决这个问题的必要力量。我们虽不必仍像从前以无限制的多子多孙为理想，但像西洋上等社会流行的独身与婚而不育的风气，却必须当作洪水猛兽去防御。所幸此种现象，在中国尚未成为固执的风气。现在的中心问题是大小家庭的问题，不是节制生育的问题。大家族与小家庭的调和，虽不免困难，但并不是绝对不可能的。近年来，中国实际正在向这方面进行。现在的趋势，是在大家族的观念与形式仍然保留之下，每个成年人都去过他独立的生活。旧日老人专权的家族制，当然不能再维持，因为那是使社会停顿与国家衰弱的势力。但西洋的个人完全与父母兄弟隔绝的办法，也万不可仿效；因为无论短期间的效果如何，那到最后是使社会国家破裂与民族生命毁灭的势力。中国自古以来善讲中庸之道。中庸之道，无论在其他方面是否仍当维持，在家族制度方面却无疑的是绝对需要继续采用的。我们若要度健全的生活，若要使民族的生命能万古不绝，一个平衡的家族制度是一个必不可缺的条件。这个问题非三言两语所能说尽，最后的解决仍有待于来日与来人。

兵的问题与家族问题之外，我们还有一个政治问题。政治问题虽然千头万绪，但最少由表面看来，一个固定的元首制度是最为重要的。因为政局的稳定与否，就由元首产生时的平静与否而定。近年来吃了群龙无首的大亏之后，国人已渐觉到首领的必要；此次抗战尤其增进了这种认识，我们已有了全民族所绝对拥护的领袖。毫无疑问，这对将来政治问题的解决可以有莫大的帮助。但这个问题，微妙难言。古代罗马帝国的制度，或可供我们将来的参考。

建国——在望的第三周文化

建国运动，创造新生，问题何只万千？但兵可说是民族文化基本精神的问题，家族可说是社会的基本问题，元首可说是政治的基本问题。三个问题若都能圆满地解决，建国运动就必可成功，第三周文化就必可实现。但我们万不可认为这是轻而易举的工作。此次的复兴建国，是人类史上的空前盛事，因为从古至今向来没有一个整个文化区组成一个真正统一的国家的现象。罗马帝国或秦汉以下的中国皆为大而无当的庞大社会，绝非春秋战国或近世欧美的许多真正统一的一类国家。所以我们是在进行一件旷古未有的事业，绝无任何类似的前例可援，其困难可想而知。抗战开始以前，著者对于第三周只认为有实现的可能，而不敢有成功的希望。抗战到今日，著者不只有成功的希望，并且有必成的自信。以一年半以来的战局而论，中华民族的潜力实在惊人，最后决战的胜利确有很大的把握。我们即或承认最坏的可能，最后决战我们仍然失败；但此次抗战所发挥的民族力量与民族精神仍是我们终久要创造新生的无上保障。

我们生为今日的中国人，当然是不免痛苦的，但也可说是非常荣幸的。今日是中国文化第二周与第三周的中间时代。新旧交替，时代当然混乱；外患乘机侵来，当然更增加我们的痛苦。但处在太平盛世，消极地去度坐享其成的生活，岂不是一种太无价值、太无趣味的权利？反之，生逢二千年来所未有的乱世，身经四千年来所仅见的外患，担起拨乱反正、抗敌复国、变旧创新的重任——那是何等难得的机会！何等伟大的权利！

231

何等光荣的使命！无论何人，若因意志薄弱或毅力不坚，逃避自己分内的责任，把这个机会平白错过，把这个权利自动放弃，把这个使命轻易抹煞，岂不是枉生人世一场！

附录　世袭以外的大位承继法

　　除原始的部落酋长之外，人类社会的政治元首大多是世袭的。有的民族始终维持世袭的制度，如中国由殷商至辛亥革命的情形。有的民族半路做些异样的尝试，如古代的希腊罗马人与近代的西洋人。今日的世界，在西洋文化的笼罩之下，呈现一个人类开化后的空前现象，就是世袭君主制的大致消灭。多数的国家都是共和国；少数的国家只维持一个傀儡的世袭君主，实权却操在另外一个选举的或用他法产生的执政者的手中。真有实权的君主在今日已是凤毛麟角。所以名义上保有君主的国家，实际也可说都是共和国。

　　但共和制度与民主主义是两件事，两者可合可分，并无绝对必要的联系。反之，凡不终日闭眼在理想世界度生活的人，都可看出今日的大势是趋向于外表民主而实际独裁的专制政治。在许多国家这种情形已经非常明显，最重要的就是德、俄、意三国。三国的独裁者虽然都用"合法"的方式产生，但实际都是终身职，最少也是无限期职。在其余的国家，

233

或多或少，也都有同样的趋势，不久的未来恐怕也终不免要追随潮流。

但再反过来看，政治上任何实权者的世袭制度，在今日的世界绝无地位。在从前君主世袭与神权信仰有不可分的关系。太远的将来无人敢说，但最近的未来大概神权信仰不会复兴，所以也不会有世袭专制的君主制度发生。在这种微妙的情形之下，实权者的承继问题于最近的将来在许多国中都必要发生，于较远的将来恐怕世界各国都不免要逢到这个难关。20世纪的人类究竟要如何解决这个问题，无人敢给一个武断的答案。但在前代，在较小的范围以内，人类曾遇到过这个问题，也曾得到勉强满意的解决方法。最重要的例大概要算罗马帝国的皇帝与回教初期的教主；两者都是专制的，但都不是世袭的。

一、罗马帝国皇帝

到西前100年左右，罗马已经成了地中海上最大的势力。多数的国家都已被罗马征服，其余名义上仍然独立的各国实际也都成了罗马的势力范围。罗马帝国至此可说已经成立。但传统的政治制度只适于城邦的范围，不能维持一个广大的帝国。况且帝国的疆域仍在继续扩张，武人的势力因而日大。代替旧制的帝国政制是此后六七十年间无形之中建设起来的。

到西前100年左右，元老院是罗马城与罗马帝国中的最高政治机关，凡仍然在职与已经去职的重要官员都是元老。所以名义上元老的权柄虽然有限，实际上大权都操在他们手里。公民会议仍然存在。但罗马没有代议制，罗马公民遍天下，公民会议到会的实际却只有罗马城内与附近的人民。这些人大半没有固定的职业与财产，对一切既不满意又不负责，所以极易受人操纵利用。元老阶级以及对现状满意的人至此都联合一起，称为贵族阵线（Optimates）。城内一般流动的公民、资本家、少数的贵族与其他一切对现状不满意的人也联合一起，称为平民阵线（Populares）。这种党派的分歧与政权的争夺在当初还有意义，还表现一种真正的政争。一方面赞成少数人为少数人的利益而统治天下，一方面赞成全体公民为全体公民的利益而统治被征服的各民族。但两条阵线的原意不久都消没净尽，当初的各种口号都成了独裁者的护符。原来有帝国而没有皇帝，在贵族阵线与平民阵线的纠纷之下就产生了一个专制的皇帝。

最早的独裁者是马略（Marius），是平民阵线的领袖，在非洲打仗屡次胜利之后，于西前104年被选为宪法上地位最高的执政官（Consul）。上等社会的人已都不愿当兵，征兵制不能维持。马略见到此点，于是改革军政，正式募兵。这是非常重要的一个变化；从此军队遂成为将军个人的职业兵，国家军队的性质日愈淡薄。最少我们可说，军队直接是将军个人的军队，只间接才是国家的军队。最后的结果当然是最强大的将军与国家无形相混，甚至合一。

继马略而起的是贵族阵线的苏拉（Sulla），也是军人。在西前82年他勉强元老院正式给他无限的独裁权。苏拉虽然没有皇帝的名号，实际上他可说是罗马帝国第一任的皇帝。

马略与苏拉还真正是两个相抗的阵线的领袖，此后的独裁者就难说了。便利时，他们可与或左或右的一个阵线合作，但大致他们是以个人训练的军队为最后的靠山，两个阵线都成了傀儡。

苏拉死后不久，三个独裁者同时并出（西前60年），就是庞培（Pompey）、克拉苏（Crassus）与凯撒（Julius Caesar），临时三雄合作，组成三头政治。在三头中，庞培地位最高，当时的人就给他一个半正式的称号——"首领"（Princeps）。但三个伟人当然难以合作，一度冲突之后，凯撒胜利，二年之间（西前46至前44年）他成了全帝国的独裁者。但少数的理想主义者对于旧日的共和政体不能忘情，最后用暗杀的手段将凯撒推翻。

正如用复兴六国的名义把秦推翻之后，列国分立的局面并未恢复；凯撒被刺后，共和政体也绝无挽回的可能。结果只有多付一次大乱的代价而已。共和主义者能把独裁者杀掉，但不能治理一个庞大的帝国。他们原来相信民众会赞成他们"除暴"的举动，岂知结果大失所望，多数的人民似乎感觉：独裁的好坏是另一问题，实际目前除独裁外别无维持天下安宁的方法。所以经过十四年的大乱之后，在西前30年一个新的独裁者又出现，就是屋大维（Octavius）。至此一切恢复旧制的幻想都已消散，帝国各地都呼屋大维为"世界的救星"。这正与垓下之战后没有人再喊"铲除暴政"或"恢复六国"一类的口号一样。

但屋大维秉性谨慎，对凯撒的命运时刻未忘。所以共和制度虽已推倒，他决定在实际独裁的局面之下仍维持共和的外表。名义上一切仍旧，但屋大维在宪法上有几种特权与特殊名号，使他实际的地位远超宪法之上：

（一）至尊权（Imperium）——在共和旧制之下，国家最高元首的执政官有至尊权，就是行政上的最高权，但前此至尊权的期限为一年，现在屋大维的至尊权屡次地延长，实际等于终身的权力。

（二）至尊号（Imperator）——在至尊权的制度之下，最重要的就是全国军队的统率权。在统率军队时，领有至尊权的人可用"至尊号"，也可说是大元帅。后来罗马历代的皇帝普通都用此为常号，近代西洋文字中emperor或empereur一类的名词都由此演化而出。在中文我们普通译为中国历史上同类的名词——"皇帝"。

（三）保民权（Tribunicia potestas）——罗马原有保民官（Tribune），乃是平民阶级的官吏，在宪法上有全权去防止或禁止任何贵族个人或团体对任何平民个人或团体有欺压的行动。宪法并承认保民官的"神圣"地位（Sacrosanctitas），任何人对他的身体或生命若有侵犯，就与亵渎神明同罪。现在屋大维不居保民官的地位，而终身领有保民官的

237

职权与神圣性。

（四）其他特权：

（1）宣战与讲和权。

（2）元老院与公民会议的召聚权。这就等于说两个会议实际都由皇帝操持。

（3）一切正式聚会中占据最高座位的权利。

（五）首领（Princeps）——这是一个半正式的称呼，以前的独裁者多曾用过。后来元老院感觉"首领"一词不够尊崇，就又正式称屋大维为"国父"（Pater patriae）。但这个名词始终没有流行，最通用的还是半正式的"首领"。

（六）奥古斯都（Augustus）——这是屋大维与后来历任皇帝唯一正式的特别名号，就是"至尊无上"的意思。这只是一个尊号，与任何的特权无关。但这个正式的称号与非正式的"首领"可表示当时的人，无论贵族或平民，都承认独裁制的不可避免，因而情愿创造两个宪法以外的尊号。

在当时的情形之下，这个新旧调和的办法未尝不好，唯一的缺点就是承继问题的虚悬。因为在理论上罗马仍为共和国，一切地位与权柄都创自元老院或公民会议，所以世袭制当然不能成立。也恰巧屋大维没有儿子，所以世袭的问题也没有发生。在理论上，屋大维死后，或退职后，由元老院再选派一人担任艰巨，应当没有问题。但现在实际的制度是独裁，这种纸上的办法完全行不通。屋大维在生前也见到这一点，为避免将来再起内乱，他感到非预先暗中指定承继人不

238

可。他当初四个亲信的人都壮年死去，未得继立。最后他决定以他的义子提比略（Tiberius）为嗣，使他也接受保民权与至尊权，所以全帝国都知道他是皇帝心目中的承继人。屋大维死后，无人提出异议，提比略安然即位。

提比略原已享受至尊权，所以屋大维死后他就成了当然的大元帅，无形之间承继了屋大维的地位。但提比略也极力地尊重宪法的外表，正式召聚元老院会议，请他们选定屋大维的承继人。元老院也知趣，就把屋大维生前所享受的一切特权与名号都加在提比略身上。从此这就成了惯例，每代的皇帝生前都指定实际的承继人，而由元老院将来正式承认。

西元41年皇帝加利古拉（Caligula）被暗杀，生前并未指定承继人。元老院因加利古拉生前暴虐，于是就讨论恢复旧日名实相符的共和制度的问题。但在元老院雄辩未决的时候，御卫队已先发动，代他们决定，拉克劳底（Claudius）出来为大元帅。元老院无法，只得承认既成的事实，许多天花乱坠的长篇演说都中途打断。

克劳底的承继者尼禄（Nero）暴虐无道，激起内乱；同时他又未指定承继人。西元68年变乱四起，尼禄自杀。四个武人争位，都各由军队拥护为皇帝。次年韦斯帕申（Vespasian）胜利，由元老院承认为首领。韦斯帕申后来由其子提多（Titus）承继。这虽实际上等于世袭，但名义上仍为选举。提多也是先接受至尊权与保民权，在父亲死后借此两种特权而当然继位。

239

提多由其弟多密申（Domitian）承继。西元96年多密申被暗杀，无人继位。至此元老院虽有机会，也不再妄想恢复共和，于是选举了一个老好先生的尼尔瓦（Nerva）为皇帝。尼尔瓦感觉自己太庸碌无能，就以武人特拉燕（Trajan）为义子，并给他至尊权与保民权。

特拉燕忽略了承继问题，生前未按惯例指定承继人，到临死时才认亚第益（Hadrian）为义子（西元117年）。元老院与军队虽都表示承认，但因亚第益当初并未被默认为承继人，也未享有至尊权与保民权，所以另外有武人反对。所幸反对派即被平定，未再引起大规模的内乱。此后六十年间（西元117至180年）承继问题一按惯例解决，历代皇帝都指定承继人，并都以承继人为义子。

西元180年后，罗马帝国二百年的盛期已经过去，乱时多，治时少，承继的问题也时常发生。但一直到西罗马帝国亡时（西元476年）帝位在理论上始终不是世袭的，在实际上也不都是世袭的。甚至到最后东罗马帝国亡的西元1453年时，帝位在理论上仍非世袭的私产。

由上面的简表看来，罗马帝国帝位的承继法可总论如下：

（1）在理论上帝位不是世袭的，实际上也大多不是世袭的。

（2）最普通的承继法是由在位的皇帝于生前指定承继人，承继人并且在皇帝生前就享有特权，以便将来能不留痕迹而继位。但这是一种非正式的默认惯例，无人公开地考虑这个方法，大家都只"心照不宣"而已。

（3）皇帝大多以承继人为义子。这与政制本身无关，只能算为一个以人情辅助公事的办法。

（4）凡不按惯例指定承继人时，或因故未得指定承继人时，结果往往是引起内乱或招致军队的跋扈干涉。

（5）屋大维以后几乎无人再相信旧日的共和制度有恢复的可能，所以也很少有人想推翻独裁皇帝的制度，虽然始终大家不肯承认帝位是一人一家的私产。

二、回教初期教主

阿拉伯人自古就分为两种：游牧人与城居人。游牧人散居内地沙漠地带，牧畜为生，迁移无定，组织极为散漫。城居人聚住沿海肥地，有城郭，以商业与简单的农业为生。城市中最重要的就是西岸的麦迦（Mecca）与麦第那（Medina）。但城市间的距离甚远，不利于共同的政治组织。无论土著与游牧，政治组织都停顿在部落的阶段。以往在半岛各地间或有比较广大的国家出现，但都是暂时的。在回教兴起之前，部落组织是常态。

每个部落或城市，各有自己的神祇与宗教。但麦迦是全民族所承认的公同圣地，城中有庙名嘎巴（Kaaba）或立体庙。庙中有神像三百六十座，乃全民族在各地所崇拜的神祇的总汇。庙墙中有黑石一块，尤为全体阿拉伯人所崇敬。每年一度，全半岛的人都到麦迦朝圣，一方面朝拜立体庙中的

241

群神，而尤其重要的是向神圣的黑石示敬。这种松散的宗教仪式，可说是回教兴起前阿拉伯人唯一民族意识的表现。

加强民族意识，统一各部落与各城市，使这本来一盘散沙的民族一跃而成为当时世界最强大的势力的——就是穆罕默德。穆罕默德所创的宗教简而易行，感人的能力非常之深。他毁掉各地的神像，圣庙中的三百六十座神像也被废弃。但立体庙本身与墙中的黑石却仍保留，照旧被奉为圣地。代替旧日繁复信仰的新宗教非常简单，信条只有一段，妇孺皆可背诵明了：“除唯一真宰（Allah）外别无他神，穆罕默德是他的先知（Prophet）。”这一句话的力量，不是我们今日的人所能想象的。穆罕默德用这一句话，在十年之内统一阿拉伯半岛。穆罕默德死后，他的承继者靠这一句话，在一百年内征服了东至中央亚细亚、西至西班牙的一个大帝国。

前此阿拉伯各部落的酋长本由各部落推选。但现在情形大变，全民族在短期间已经统一，实权者的承继问题甚为重大。穆罕默德自己生前对此并未预定计划；同时他又无子，所以世袭制也谈不到。至于一般信徒，看穆罕默德几同神明，不信他也会如凡人一样地死去。一旦首领薨逝，大家都无所适从。在穆罕默德左右地位最为重要的有阿布·伯克（Abu Bekr）、欧玛（Omar）与阿里（Ali）三人。西元632年穆罕默德死，回教中要人遂公选阿布伯克继位，为最初创教者的代表或“哈利发”（Caliph）。这个地位是宗教而兼政治的，可说是一个有政权的教主。教主在理论上由全民选举，选举后宗教权与政治权都集

附录　世袭以外的大位承继法

于一身。但阿布伯克实际是由少数人选出的。

阿布伯克德高望重，选举未成严重的问题，但也几乎引起内部的分裂。许多部落由于习惯的关系，又欲恢复原始分散独立的状态。但一切叛乱都被阿布伯克平定，从此半岛内部未再发生严重的分裂问题。

阿布伯克见到无限制的选举有引起内乱的危险，所以在生前就向左右指定欧玛为最适宜的承继人。西元634年阿布伯克死，左右尊重他的意见，就正式选举欧玛为教主。

欧玛感觉继位法有固定化的需要，于是生前就指定六位元老为选举委员，将来他们由自己内部互选一人为教主。欧玛有子，但不肯假公济私，没有指定儿子为承继人，并且也未派他为选举委员之一。西元644年欧玛死，六位选举委员中的欧斯曼（Osman）被选为继位的教主。

欧斯曼腐败，引起反抗，西元656年被刺杀而死。他生前并未指定承继人，也没有预定选举法。反对派遂拥阿里为教主。回教内部的分裂由此开始，西元661年阿里亦遭刺杀。从此教主的地位变成阴谋与争夺的对象，回教共和国无形结束，统一的或各地分立的回教国都成了世袭专制的政体。

回教共和国虽只维持了三四十年，阿拉伯的情形虽与罗马帝国不一样，但承继法却大同小异。阿布伯克以后两代的教主都因被预先指定而未成问题。第四代因未指定，又未预定选举法，内乱于是发生，共和国竟至因而结束。回教不似罗马，未得演化出一个大家公认的承继惯例。但阿里以前几次的蝉联似乎是正在对着一个固定惯例的方向走去，可惜尚未成功就被世袭制打断。

三、结论

"历史不重述自己"——History does not repeat itself。我们不敢说20世纪西洋各国的独裁者也都要用罗马与回教那种实际指定而名义选举的方法产生承继人。但在制度的范围以内，我们很难想象其他更为妥当或更为自然的方法。西洋又有一句与上面所引正正相反的老话："天下并无新事"——There is no new thing under the sun！

参考书

罗马

Cambridge Ancient History， Vol. X， chap 5; Vol. XI， chap.10.

Boak，A. E. R.，*A History of Rome to 565 A. D.*，chap.11-19.

Bailey， C.（ed.），*The Legacy of Rome*，— *"The Conception of Empire"*，*"Administration"*.

回教

Cambridge Medieval History，Vol.II，chap.10-11.

Ameer Ali，*A Short History of the Saracens*，chap. 1-6.

附录 世袭以外的大位承继法

Margoliouth, D. S., *Mohammed and the Rise of Islam.*

Encyclopedia Britannica, ninth edition, — "*Mohammedan-ism*".

Ibid., *fourteenth edition*, — "*Islamic Institutions*".

后　记

2022年底至2023年初，在新冠肺炎疫情肆虐的最后时刻，封闭家中的我，对《中国文化与中国的兵》进行了最终校订，并应约写下导读。

二十余年来，读这本十万余字的小书已有多次，钦佩之余，常会掩卷深思，若有所得。在全面抗战之初，关于抗战前景的悲观之声不绝，此时雷海宗先生的思考不得不在历史与现实之间游移，除了发出号召抗战、呼吁动员的短文外，他还通过专业的分析指出中国文化与政治体制的优劣，强调中国文化不死的信念。雷先生把对中国文化及重大政治问题的探索与透视，集中在军事问题、家族制度、元首体制三个方面。春秋之后军队建设上的军民分立及利益机制的缺乏，导致"兵"的精神出现问题，而通过雇佣化或募兵制难有强盛的军心，没有强大的军队则无法御敌和自立；没有家族制度的改造，中国就无法走出农业社会的禁锢，而只有家族观念和乡土眼光，何来为国死战的精

247

神？综观汉以下历朝，家族势力愈强，国家就愈难强盛；由于缺乏阶级及社会组织的联系，皇帝成为国家内唯一的纽带，没有帝制的稳定，国家就会动乱，没有权力的约束，国家必然动乱，治乱循环成为中国政治体制的死结。20世纪初，帝制在中国完结，但相关政治文化依旧延续，并直接影响着此后中国元首问题的顺利解决。

雷先生对三者间关系的审视，既是在"国破山河在"背景下如何树立文化不死信念的呐喊，同时也是对现代中国何以自处的忧虑。在20世纪中国社会在传统与现代纠缠与交织的跋涉中，这些足以影响中国社会走向现代的体制性问题，并非如一些人想象的那样，会随着时代进步而轻易变革。事实上，雷先生在警示我们，体制背后人性的阴暗及组织内在的利益与逻辑，时常会超越国家、民族的利益。

雷海宗先生那一代学人多数有立场、有情怀，但也不失理性与冷峻。他们对中国文化机理的深层透视、对内在精神窒碍的深刻剖析，时时夹杂着难以压抑的热烈情感，或许这是历经19—20世纪中国社会的动荡飘摇并渴望其艰难转型，同时又兼具中西学识者才会有的复杂心态。雷海宗先生关怀的是晚清及民国初年的政治困境、日本侵略所带来的生死存亡，是对数千年农业中国的巨大考验。面对全球化的时代风暴，退而躲避还是迎头而上，是事关未来发展方向的根本性选择。一个深陷旧有文化的民族，如果人人以乡愿为理想人格，狗苟蝇营，如何走出转型的曲折？

问题是为何难以万众一心？面对胜算寥寥的抗战，不对无兵的文化进行批判，不以中国文化不死的逻辑振奋民气和军心，如何取胜？如果没有在问题和困难面前勇于自我解剖、敢于纠错的气节与血性，中国何以跳出旧有文化的束缚，又何来的第三周文化复兴？

雷海宗先生的视野，是穿越历史与现实的！

感谢天津人民出版社"长城砖"丛书的邀请，感谢刘庆社长、沈海涛副社长的厚爱，感谢金晓芸主任等待稿件的耐心与编校的细心。我们亦师亦友的关系，在业务合作中日益加深，对我而言是一种愉快的人生记忆。

南开大学历史学院教授

2023年12月10日于南开大学津南校区

长城砖

垒书为城 故史惟新

编辑团队	沈海涛	装帧设计	图文游击工作室	发行统筹	乔 悦
	金晓芸		汤 磊	营销专员	秦 臻
	燕文青			新媒体营销	高 颖
	郭聪颖				